Welk
Bedar … n eten
met u
Dit is r … sie op basisbereidingen uit
de hedendaagse keuken.
Samengevat en gebundeld in een handzaam formaat. Handig te bewaren in uw keukenlade.
Zodat u het altijd bij de hand heeft om af en toe te kunnen 'spieken'.
Zelfs de meest ervaren kok heeft niet de parate kennis om ieder recept direct te verwoorden.
Ik in ieder geval niet!

In dit boekje maak ik voor het beste resultaat standaard gebruik van ingrediënten zoals scharrelei, volle melk, echte roomboter en volvette room.
Dit is eventueel aan te passen naar uw eigen dieetwensen door gebruik te maken van margarine of melk-, ei-, en roomvervangers.

Succes en geniet ervan!

J. Dickens 14-08-2020

Aardappel uit de oven

250gr	Aardappelen vastkokend
20gr	Olijfolie
3teentjes	Knoflook
	Tijm
	Rozemarijn
	Peper & Zout

Snijd uw aardappelen in parten.
Gaar uw aardappelen voor in de magnetron.
(10min op de hoogste wattage, niet stapelen!)
Of gaar uw aardappelen in kokend water met zout en laat ze goed uitlekken.
Leg op een bakplaat met bakpapier.
Besprenkel met olijfolie.
Verdeel hele tenen knoflook en de kruiden tussen de parten.

Bak uw aardappelen goudbruin en krokant in een voorverwarmde oven van 175°C. +- 25 min.

Aardappelgratin

500gr	Aardappelen vastkokend
250gr	Room 35%
1	Ei
Teentje	Knoflook
	Peper & Zout
	Nootmuskaat

Snijd uw aardappelen in plakken.
Leg de aardappelschijven in laagjes in een ovenschaal. Tot net onder de rand. Klop het ei en de room met fijn gesneden of geperste knoflook en kruiden door elkaar en verdeel over de ovenschaal.
Bak uw aardappelgratin op 160°C voor 30 min.
Check de gaarheid door met een mes door uw aardappelen te prikken. Wanneer deze nog stevig zijn 10 min. langer bakken. Verhoog daarna de temperatuur naar 200°C en bak nog eens voor 15 min.
Bestrooi evt. met geraspte kaas voordat u de temperatuur verhoogd.

Aardappelkroketjes

600gr	Aardappelpuree blz. 4
50gr	Eidooier
50gr	Eiwit
	Paneermeel
	Bloem

Meng de eidooier door de aardappelpuree.

Spuit evt. rozetjes voor pomme duchesse.

Rol kroketjes. Rol ze hierna achtereenvolgens door de bloem, eiwit en het paneermeel.

Bak uw kroketjes goudbruin en krokant in frituurolie van 175°C.
Of bak de kroketjes goudbruin in een voorverwarmde oven van 175°C.

Aardappelpuree

500gr	Aardappelen kruimig
50gr	Boter
50gr	Room 35%
	Peper & Zout
	Nootmuskaat

Gaar uw aardappelen in de magnetron.
(10min op de hoogste wattage, niet stapelen!)
Of kook ze gaar in water met zout.

Duw uw aardappelen door een stevige zeef.
Meng uw specerijen, roomboter en room hieronder.
Er ontstaat een smeuïge aardappelpuree.

Serveer met een gehaktbal of stoofvlees (blz. 77, 184)

Aardappelsalade

125gr	Spekjes
500gr	Aardappelen vastkokend
2	Uien
100gr	Mayonaise blz. 127
50gr	Mosterd blz. 132

Snijd uw aardappelen in stukjes naar smaak met of zonder schil.
Kook uw aardappelen gaar in de magnetron +- 10 min. op de hoogste stand of in water met zout.

Bak uw spekjes uit op laag vuur.
Wanneer ze krokant zijn schep ze op een keukenpapiertje maar laat het vet in de pan zitten.

Snijd uw uien in halve ringen en bak ze in het vet van de spekjes.
Eveneens op laag vuur zodat ze karamelliseren.

Meng alles onder elkaar met de mayonaise en de mosterd. Serveer lauw - warm.

Aioli

100gr	Mayonaise van olijfolie blz. 127
25gr	Olijfolie
1 teentje	Knoflook
	Citroenrasp
	Peper & Zout

Snijd of pers de knoflook zeer fijn.
Pers/wals evt. met de zijkant van uw mes tot een pasta.
Meng alle ingrediënten.
Of voeg gelijk uw knoflook toe wanneer u verse mayonaise maakt.
Gebruik de extra olijfolie zodat de aioli steviger wordt als doorsnee mayonaise.

Amandelspijs

200gr	Blanke amandelen
200gr	Suiker
1	Ei
	Citroenrasp

Mix de amandelen, suiker en citroenrasp fijn in een keukenmachine met hakmessen. Dit kan even duren.
Voeg het ei toe.
Mix tot een samenhangend geheel.
Laat voor verwerking minstens een half uur rusten in de koelkast.

Ook mogelijk met andere soorten noten. Evt. wat extra olie toevoegen van de betreffende noot voor een mooi samenhangend geheel.

Amarena kersen

500gr	Zure kersen
50gr	Amaretto likeur
400gr	Suiker
1	Vanillestok
1	Kaneelstok
1	Citroen

Haal de pitten en stelen uit de kersen.
Bewaar een handje kersenpitten en hang deze in een theezeef in de siroop tijdens het koken.
De pitten zorgen voor een karakteristieke nootsmaak.
Kook de kersen met wat water en de overige ingrediënten zachtjes in.
Kookt men te hard dan gaan de kersen kapot.
Laat inkoken (tot ongeveer 2/3) tot een dikke stroop ontstaat.

Bewaar in met kokend water gesterilliseerde potten.
Liefst na 6 maanden rijpen pas consumeren.
Maak dit recept dus liefst in kersentijd (mei-juni) en consumeer tijdens uw kerstdiner.

Appelbeignets

1	Appel Jonagold
2 plakjes 10x10	Bladerdeeg blz. 30
75gr	Suiker
5gr	Kaneel

Schil de appel, haal het klokhuis eruit en snijd deze in plakken van 1cm dik.
Meng de kaneel door de suiker.

Leg een plak appel op het bladerdeeg. Maak de randjes vochtig. Vul het gat van het klokhuis met kaneelsuiker. Dek af met nog een plakje bladerdeeg. Zorg dat er geen lucht tussen zit.

Bak de appelbeignets af in een oven van 175°C of in de frituurolie van 170°C.

Appelbol

1	Appel Jonagold
1 plakje 14x14	Bladerdeeg blz. 30
75gr	Suiker
5gr	Kaneel
	Amandelspijs blz. 7

Schil de appel en haal het klokhuis eruit.
Leg de appel op het plakje bladerdeeg.
Vul het gat van het klokhuis met kaneelsuiker.
Sluit af met een balletje amandelspijs (blz. 7).
Vouw de punten van het bladerdeeg over de appel heen naar elkaar toe. Vouw vervolgens de nieuw ontstane punten ook na elkaar toe.
Strijk de appelbol met ei en rol door de suiker.

Bak de appelbol goudbruin in een voorverwarmde oven van 210°C. +- 20 min.

Appelflap

2	Appel Jonagold
4 plakjes 15x15	Bladerdeeg blz. 30
50gr	Rozijnen
50gr	Suiker
	Kaneel
	Citroenrasp

Snijd de appels in blokjes. Meng de overige ingrediënten erdoorheen.
Schep met een lepel of ijsschep een bol vulling op het bladerdeeg.
Maak de hoekjes vochtig en vouw het plakje dicht tot een driehoek.
Maak de flap aan één kant vochtig en duw hem in de grove suiker.

Bak de appelflap goudbruin in een voorverwarmde oven van 175°C. +- 20 min.

Appelmoes

3	Appels Jonagold
50gr	Suiker
½	Vanillestokje
½	Citroen
	Water
	Zout

Schil de appels, snijd ze in parten en haal het klokhuis eruit.
Doe de appels in een pan en voeg wat water tot zodat ze half onder staan.

Kook de appels met de rasp van de halve citroen, uitgeschraapt vanillestokje, snufje zout en de suiker op middelhoog vuur tot de appels kapot gekookt zijn en er een dikke appelmoes is ontstaan.

I.p.v. vanille kan ook gekozen worden voor 1 kaneelstokje. Bewaar evt. in met kokend water gesteriliseerde potten met deksel.

Appelstroop

10	Appels
1	Kaneelstokje
1	Steranijs
2	Kruidnagels

Kook de appels in wat water in 1 uur kapot. Stamp met een pureestamper alle appels kapot.
Passeer door een zeef met een kaasdoek erin. Wring evt. de overgebleven pulp in uw kaasdoek uit.
Kook het overgebleven sap met de specerijen in totdat er een dikke stroop ontstaat (+- tot 1/10 inkoken). Hierin is enig geduld vereist.
Bewaar de stroop in met kokend water gesteriliseerde potten.
De stroop wordt met de tijd rijker van smaak.
Na ongeveer 1 jaar is hij op zijn best.

Ook te maken zonder specerijen.
Evt. met peren of in combinatie met ander hardfruit.

Appeltaart

1recept	Harde Wener deeg blz. 81
5	Appels Jonagold, Goudreinet
1plak	Cake blz. 45
100gr	Rozijnen
20gr	Kaneel
½	Citroen

Schil uw appels, haal de klokhuizen eruit en snij in grove stukken.
Meng hier de kaneel, rozijnen en rasp van de halve citroen doorheen.
Bekleed een springvorm met het harde Wenerdeeg.
Leg onderin een dunne plak gebakken cake.
Vul de vorm met de appelvulling.
Werk de taart af met banden overgebleven harde wenerdeeg.
Bak de taart goudbruin in een voorverwarmde oven van 160°C +- 1 uur.

Aspergesoep

1l	Bouillon Groente
500gr	Witte aspergeschillen
100gr	Roux blz. 162
	Bieslook

Breng de groentebouillon aan de kook met de witte aspergeschillen. Voeg de bieslook toe. Laat een uurtje trekken.
Maak in een andere pan een roux en voeg stap voor stap een scheutje bouillon toe.
Voeg een scheutje room en eventueel wat reepjes beenham toe.

Hele asperges is ook mogelijk. Schil ze, kook ze vooraf gaar in de bouillon en voeg ze achteraf in stukjes toe als garnituur. Of blender ze mee in de soep. De schillen zijn taai en niet kapot te mixen.

Baba Ganoush

1	Aubergine
10gr	Komijn gemalen
25gr	Olijfolie
25gr	Tahin
2 teentjes	Knoflook
½	Citroen -rasp en -sap
	Koriander

Snijd de aubergine in de lengte door en grill samen met de knoflook in een voorverwarmde oven van 200°C.
Schep het vruchtvlees uit de aubergines en knijp de knoflook uit de schil.

Draai in de keukenmachine of met staafmixer glad met de overige ingrediënten.

Te gebruiken als spread of dip. (veganistisch!)

Bagel

1 recept	Brood krokant blz. 40
	Sesamzaad
	Losgeklopt ei

Maak een brooddeeg volgens de beschrijving.
Vorm balletjes van 50 gram. Laat het 15 min. rijzen.
Vorm een bagel door een gat in het midden te maken.
Duw hiervoor een biljart-, hockey- of golfbal in het midden van uw deeg. Draai een rondje over de tafel tot een rond gat ontstaat.
Leg uw bagels op losse bakpapiertjes met wat olie eronder. Laat 45 min. rijzen op een warme plaats.
Breng een ruime pan water aan de kook. Laat het water zo zacht mogelijk koken.
Laat uw gerezen bagels voorzichtig in het water zakken.
Niet stapelen!
Kook uw bagels gaar. Als ze stevig aanvoelen zijn ze gaar.
Leg uw bagels op een bakplaat en bestrijk de bagels met ei. Strooi er wat sesamzaadjes overheen.
Bak vervolgens uw bagels in een oven van 210°C krokant en goudbruin.

Bami- of nasischijf

500gr	Bami of Nasi
100gr	Bouillon kip blz. 37
25gr	Roux blz. 162
10gr	Kruidenmix Aziatisch blz. 105
	Eiwit
	Bloem
	Paneermeel

Bind de bouillon met de roux. Breng op smaak met het kruidenmengsel.
Roer de bami erdoorheen.
Giet in een met plastic beklede ovenschaal, druk het goed aan.
Koel de bami in de koelkast.
Snijd wanneer ze goed koud en opgesteven zijn rechthoeken.

Paneer ze achtereenvolgens met bloem, eiwit en paneermeel.
Frituur in olie van 175°C krokant en goudbruin.

Banketbakkersroom

500gr	Melk
100gr	Eidooier
100gr	Suiker
50gr	Maizena of bloem
1	Vanillestokje

Roer uw eidooier, suiker en het bindmiddel goed door elkaar tot u geen klontjes meer hebt.
Breng de melk met het uitgeschraapte vanillestokje aan de kook.
Giet de kokende melk voor 2/3 op het eimengsel. Roer goed door en voeg het bij de andere 1/3 van de melk.
Breng het geheel al roerende aan de kook.
Uitstorten op een schaal en volledig afdekken met plastic om een vel te voorkomen.

Te gebruiken als taartvulling, of als ingrediënt voor botercrème of souffle (blz. 32, 179)

Bapao

½ recept	Brood krokant blz. 40
125gr	Rundergehakt
125gr	Varkensgehakt
50gr	Kruidenmix Aziatisch blz.105

Voor ongeveer 16 stuks: Snijd de ui zeer fijn. Fruit de ui aan in olie. Voeg de kruidenmix toe en bak 3 min. mee. Rul het gehakt samen met de ui en het kruidenmengsel. Als het gaar is uit laten lekken in een zeef.

Maak een brooddeeg volgens de beschrijving en laat het in balletjes van 50 gram 20 min. rusten.
Als het deeg iets gerezen is druk je het plat en vouw je er een lepel gehaktmengsel in.
Leg de bapao met de sluiting naar beneden op een bakpapiertje en vervolgens in een stoommandje of een grove zeef. Laat de bapao's 45min. rijzen.
Stoom de bapao's boven een pan met zachtjes kokend water gaar in ongeveer 15min.

Barbecuesaus

500gr	Ketchup blz. 93
75gr	Bruine basterdsuiker
10gr	Azijn
10gr	Worcestershire sauce
½ zakje	Oploskoffie
	Peper & Zout

Los de koffie op in een borrelglaasje warm water.
Meng alle ingrediënten door de ketchup breng heel eventjes aan de kook zodat de suiker is opgelost.
Breng op smaak met peper en zout.

Bavaroise Fruit

500gr	Fruit
500gr	Room 35%
18gr	Gelatine

Maak het fruit schoon en pureer het.
Kiwi, ananas en mango zullen eerst gekookt moeten worden. Omdat dit ongekookt de werking van de gelatine tegengaat.
Week de gelatine in ruim koud water.
Sla de slagroom op tot yoghurtdikte.
Verwarm ¼ van de puree tot +- 50°C en los hier de geweekte gelatine in op.
Roer de warme puree door het koude deel van de puree.
Spatel de slagroom door de fruitpuree.
Giet in een taart of puddingvorm en laat het geheel opstijven in uw koelkast.

Evt. is de room te vervangen voor Griekse yoghurt of kwark voor bijv. yoghurt-/kwarkbavaroise.

Bavaroise Room

500gr	Volle melk
400gr	Room 35%
150gr	Suiker
50gr	Eidooier
20gr	Gelatine

Roer de suiker en eidooier krachtig door elkaar.
Week de gelatine in ruim koud water.
Breng de melk aan de kook
(evt. met kruiden of specerijen zoals vanille of kaneel voor vanille-/kaneel-bavaroise)
Giet 2/3 van de melk op het eimengsel roer goed door en voeg het bij de rest van de melk.
Verwarm het geheel tot 87°C.
Los de geweekte gelatine op in de warme massa. Voeg nu eventueel likeur of essence toe. (of voeg bitterkoekjes, fruit en marasquin toe voor chipolatapudding)
Laat het afkoelen tot kamertemperatuur!
Spatel nu voorzichtig de tot yoghurtdikte opgeslagen room toe.
Vul een pudding- of taartvorm met de bavaroise en laat het opstijven in uw koelkast.

Bavaroise

Zonder room, suiker en ei

500gr	Fruitpuree
10gr	Gelatine 5 blaadjes

Maak uw fruit schoon, verwijder pitten en stelen en pureer tot een gladde puree.
Laat in de vriezer ijskoud worden maar niet volledig bevriezen.
Laat de kom van uw keukenmachine ook ijskoud worden in uw vriezer indien uw hier plaats voor heeft.
Week de gelatine in koud water, knijp het uit en verwarm op laag vuur met een klein beetje fruitpuree.
Totdat alle gelatine is opgelost.
Laat uw gelatine/fruit afkoelen maar niet opstijven.
Klop nu met de garde op de hoogste stand uw ijskoude fruitpuree op. Voeg de gelatine in een straaltje toe.
Als alles goed gaat begint de gelatine door de kou te binden en blijft de opgeslagen lucht gevangen.
Giet in een glaasje of taartvorm en laat verder opstijven in de koelkast.

Bechamelsaus

500gr	Melk
75gr	Roux blz. 162
	Peper & Zout
	Nootmuskaat

Maak in een pan een roux zoals beschreven op blz. 162.
Voeg beetje voor beetje de melk toe.
Roer een snuf peper, zout en nootmuskaat erdoor.

Dit is de basis voor een saus. Voeg eventueel geraspte kaas toe voor een kaassaus (blz. 89) of voeg een andere smaakmaker toe.

Voor lasagne á la bolognese bouwt u laagjes op van pastadeeg (blz. 141), pastasaus bolognese (blz. 142) en deze bechamelsaus. Dek uw lasagne af met geraspte kaas. En bak ik een oven van 170°C voor +- 45 min.

Beenham

1kg	Beenham of fricandeau
1 recept	Marinade Varken blz. 123
1 recept	Vleesglazuur blz. 196

Marineer de beenham en laat 1 nacht intrekken in de koelkast. Indien met vel en vetrand, snijd deze in met een scherp mes.
Zet de beenham in de oven of barbecue op 150°C.
Wanneer de beenham een kerntemperatuur heeft bereikt van 50°C (na +- 45 min.) haal je de beenham eruit en stook je de oven of barbecue op tot 210°C.
Smeer uw beenham in met het vleesglazuur.
Bak vervolgens uw beenham in de hete oven tot een krokant korstje ontstaat.
(Gebruikt u geen glazuur? Bak dan uw beenham verder tot een kerntemperatuur van 60°C i.p.v. 50°C.)
Laat minstens 30 min. rusten.
Snijd dunne plakken en serveer met mosterdsaus (blz. 169).

Biefstuk bakken

1	Biefstuk
50gr	Geklaarde boter/Ghee

Gebruik geklaarde boter, Ghee of lijnzaadolie.
Andere vetstoffen verbranden bij hoge temperaturen.
Bestrooi uw biefstuk die al eventjes uit de koelkast ligt met peper en zout.
Bak uw biefstuk +- 1 min. per kant goudbruin. Voeg nadat u 1 kant heeft gebakken 1 tak tijm en rozemarijn en een gekneusd teentje knoflook toe aan uw vetstof.
Houd uw pan schuin en schep met een lepel vetstof over de biefstuk. Totdat uw biefstuk genoeg gegaard heeft.
Dit test men door met uw vinger te voelen.

Het vlees heeft bij rare dezelfde stevigheid als uw duimbasis wanneer u ontspannen uw duim en wijsvinger tegen elkaar houdt.
Medium is bij uw middelvinger en uw duim.
Well done is bij uw ringvinger en uw duim.

Bierbeslag

250gr	Bier of Water
250gr	Bloem
1	Ei

Splits het ei en klop het eiwit luchtig.
Meng het bier of water met de gezeefde bloem.
Zorg dat er geen klontjes meer inzitten, evt. passeren door een zeef.
Spatel het eigeel en het luchtige eiwit voorzichtig erdoor.

Dip uw product in het beslag en frituur het in olie van 170°C

Product:

Champignons
Inktvisringen
Kabeljauw
Uienringen
Vis
Kip

Biscuit

250gr	Ei
125gr	Bloem
125gr	Suiker
	Citroenrasp

Klop het ei en de suiker luchtig. Totdat hij blijft hangen aan de garde en zeer licht geel is geworden.
Voeg wat citroenrasp toe en spatel de gezeefde bloem er voorzichtig doorheen.
Giet het mengsel in een ingevette vorm. +-25cm

Bak het beslag in een voorverwarmde oven van 170°C.

Uw biscuit is gaar wanneer men bovenop zachtjes indrukt en het biscuit terugveert.
Verwerk na afkoelen tot bijv. een slagroomtaart.

Bladerdeeg

500gr	Bloem
280gr	Water
500gr	Boter
10gr	Zout

Maak van de bloem, water, 50 gram van de boter en het zout een deeg. Kneed niet te lang door. Leg 1 nacht in de koelkast om te rusten. Sla de boter plat tot een plak. En leg bij het deeg in de koelkast.
Rol het deeg in de lengte uit en tot 2 keer de grote van de plak boter.
Leg de boter aan 1 kant van het deeg en vouw het deeg dicht. Zodat deeg-boter-deeg ontstaat.
Rol vervolgens het geheel uit in de lengte tot ongeveer 1 cm. En vouw het deeg in 3 lagen op.
Dit is 1 'toer'. Laat 30 min. rusten in de koelkast.
Draai het deeg een kwartslag en rol het nogmaals uit tot 1 cm. dikte. Vouw het deeg weer in 3 lagen op.
Geef hierna nog 2 keer zo'n 'toer'. Met telkens 30 min. rust
Verwerk het deeg na nogmaals 30 min. rust in de koelkast.

Bloody mary

35ml	Wodka
100ml	Tomatensap
	Tabasco
	Worcestershire sauce
	Peper & Zout

Vul 1 borrelglaasje met wodka, giet het in een longdrink glas en vul het aan met tomatensap. Breng op smaak met tabasco, peper, zout en Worcestershire sauce.

Garneer met een stengel bleekselderij of een augurk.

Botercrème

500gr	Banketbakkersroom blz. 19
400gr	Boter
100gr	Suiker

Zorg dat alle ingrediënten op kamertemperatuur zijn.

Klop uw boter luchtig met de suiker.
Voeg in 4 delen de banketbakkersroom toe.
Tussen ieder deel volledig op laten nemen in de crème.

Voeg eventueel naar smaak opgelost espressopoeder toe voor mokka-crème.

Voor chocoladecrème 300gr gesmolten pure chocolade (30°C) toevoegen.

Boterkoek

250gr	Boter
165gr	Basterdsuiker
250gr	Bloem
5gr	Zout
	Koffiemelk

Meng de roomboter en basterdsuiker goed door elkaar. Voeg uw bloem en zout toe.
Kneed tot een goed samenhangend deeg.

Duw het deeg in een ingevette vorm. Tot een dikte van max. 1cm.
Bestrijk de koek met koffiemelk en trek strepen met een vork.

Bak de koek in +- 20min. goudbruin in een voorverwarmde oven van 200°C.

Botersaus

500gr	Witte wijn
1	Sjalotje
300gr	Room 35%
500gr	Boter
	Peper & Zout

Snijd uw sjalotjes zeer fijn. Bak uw sjalotjes glazig. Blus af met de witte wijn.
Laat zachtjes inkoken tot 1/5de.

Voeg de room toe en laat tot 1/2de inkoken.

Snijd de boter in blokjes en voeg ze 1 voor 1 toe tot en een dikke saus ontstaat.

Serveer bij vis.

Bouillon groente

3liter	Water
1recept	Bouquet Garni blz. 38
1recept	Bouquet Marmite blz. 39
500gr	Witte kool, Meiknol, Venkel, Knolselderij, teentje Knoflook

Snijd de groente in grove stukken.
Fruit de groente en kruiden +-5 min. aan in een grote soeppan met een klein beetje olie.
Voeg het water toe en breng het tot net onder het kookpunt.
Schuim uw bouillon af met een schuimspaan. Schep het vet van de vloeistof af met een lepel.

Laat uw bouillon 1 uur zachtjes trekken.
Passeer uw bouillon door een zeef in een pan.
Laat de bouillon zachtjes inkoken tot de gewenste concentratie (smaak).

Fond = 1/6 Extract = 1/8 Glacé = 1/10

Bouillon *vis*

1 liter	Water
500gr	Visgraten
500gr	Witte wijn
1 recept	Bouquet Garni blz. 38
1 recept	Bouquet Marmite blz. 39

Fruit uw bouquet marmite +-5 min. aan in een grote soeppan met een klein beetje olie.
Voeg water, witte wijn en de graten toe en breng het tot net onder het kookpunt.
Schuim uw bouillon af met een schuimspaan.
Schep het vet van de vloeistof af met een lepel.

Laat uw bouillon max. ½ uur zachtjes trekken.
Passeer uw bouillon door een zeef in een pan.
Laat de bouillon zachtjes inkoken tot de gewenste concentratie (smaak).

Fumet = 1/6 Extract = 1/8 Glacé = 1/10

Bouillon vlees

1400gr	Beenderen kip, rund, lam, wild
1,5liter	Water
1recept	Bouquet Garni blz. 38
1recept	Bouquet Marmite blz. 39

Snijd de groente in grove stukken.
Fruit de beenderen (evt. met vlees en vet eraan zoals een schenkel of mergpijp) +-5 min. aan in een grote soeppan met een klein beetje olie.
Voeg het water en de bouquets toe en breng het tot net onder het kookpunt.
Schuim uw bouillon af met een schuimspaan.
Schep het vet van de vloeistof af met een lepel.

Laat uw bouillon 8 uur zachtjes trekken.
Passeer uw bouillon door een zeef in een pan. Pluk evt. het vlees van de beenderen.
Laat de bouillon zachtjes inkoken tot de gewenste concentratie (smaak).
Fond = 1/6 Extract = 1/8 Glacé = 1/10

Bouquet garni

Bosje	Tijm
Bosje	Peterselie
Bosje	Rozemarijn
2 blaadjes	Laurier

Bind de kruiden samen met een stukje vleestouw.
U kunt ook eventueel de kruiden in een theezeefje of -zakje doen.

Wordt gebruikt voor het aromatiseren van soepen, sauzen en stoofschotels.

Bouquet Marmite

1	Wortel
1	Ui
1	Prei
6 stengels	Bleekselderij
2 teentjes	Knoflook

Snijd de groente in grove stukken en kneus de teentjes knoflook.

Wordt gebruikt voor het aromatiseren van bouillon.

Brood Krokant

500gr	Bloem/Meel
24/8gr	Gist vers/gedroogd
of 100gr desem blz.	59 & 10/3gr gist vers/gedroogd
10gr	Zout
250-300gr	Water 45°C
Evt. 375gr	Vulling (gewelde rozijnen, gebrande noten)

Voor 1 groot brood. Maak van alle ingrediënten een deeg. Voeg tot 100 gram boter toe voor malser en langer houdbaar brood. Afhankelijk van uw bloem heeft u meer of minder water nodig.
Kneed uw deeg minimaal 10 minuten stevig door totdat er een glad en elastisch deeg is ontstaan. Kneed evt. uw vulling door uw deeg (zaden, vruchten, noten).
Breng uw deeg op spanning in een stevige bol of punt.
Laat een half uur rusten onder een theedoek.
Duw de lucht uit het deeg en vorm tot een bol of punt.
Leg evt. in een broodblik of cakeblik. Laat 1 uur rijzen.
Wanneer het deeg niet meer terugveert als u er zachtjes op drukt is het volledig gerezen.
Spray met een plantenspuit een beetje water over uw brood. Bak uw brood in een voorverwarmde oven van 260°C evt. op een pizzasteen als u zonder blik bakt.
Als uw brood in de oven zit terugdraaien naar 220°C.
Open na 25 min. de deur eventjes om de stoom eruit te laten. Hierna goudbruin en krokant afbakken.

Brood zacht

500gr	Bloem/Meel
24/8gr	Gist vers/gedroogd
10gr	Zout
250-300gr	Melk 45°C
150gr	Boter
Evt. 375gr	Vulling (gewelde rozijnen, gebrande noten)

Voor +- 20 zachte broodjes.
Maak van alle ingrediënten een deeg.
Afhankelijk van uw bloem heeft u meer of minder water nodig.
Kneed uw deeg minimaal 10 minuten stevig door totdat er een glad en elastisch deeg is ontstaan.
Breng uw deeg op spanning in een stevige bol of punt.
Laat een half uur rusten onder een vochtige theedoek.
Duw de lucht uit het deeg en verdeel in stukken van +- 50gr. Rol hier onder uw hand strakke bolletjes van.
Of rol ze op tot puntjes. Bestrijk de broodjes met ei.
Laat uw broodjes op een bakplaat rijzen.
Wanneer het deeg niet meer terugveert als u er zachtjes op drukt is het volledig gerezen. Bak uw broodjes in een voorverwarmde oven van 240°C.

Broodpudding

8sneetjes	Oud brood
400gr	Melk
150gr	Ei
5gr	Kaneel
75gr	Rozijnen
50gr	Suiker

Snijd uw brood in grove stukken. Meng uw brood met de rozijnen, de helft van de suiker en de kaneel.
Schep alles in een ingevette ovenschaal.
Klop uw ei los met de melk en giet het mengsel over het brood in de ovenschaal.
Bestrooi met de andere helft van de suiker.

Bak de broodpudding in een voorverwarmde oven van 175°C totdat het ei gestold is.

Brownie

150gr	Pure chocolade
175gr	Boter
250gr	Basterdsuiker
160gr	Ei
90gr	Bloem

Smelt de boter en chocolade tot max. 45°C. Klop de basterdsuiker en het ei luchtig. Spatel dit voorzichtig door het chocolademengsel. Spatel daarna de gezeefde bloem erdoor.

Giet het mengsel in een hoge bakplaat of schaal met bakpapier erin. Zorg voor een laag beslag van +- 1,5 á 2 cm dik.

Bak uw brownie in een voorverwarmde oven van 180°C in +- 20 min. gaar. U wilt dat hij nog zacht is van binnen en krokant van buiten.

Buikspek

1000gr	Buikspek
1recept	Marinade varken blz. 123
1recept	Vleesglazuur blz. 196

Snijd de vetrand van het buikspek kruislings in met een scherp mes.
Smeer in met de marinade. Laat 1 nacht rusten in de koelkast.

Gaar het buikspek in uw oven of barbecue op 150°C. Als een kerntemperatuur van 80°C is bereikt is uw buikspek klaar. 2 á 3 uur.

Laat het 1 uur rusten in aluminiumfolie voordat u het serveert.

Haal eventueel uw buikspek bij 70°C uit de oven of barbecue en glaceer met een kwast met het vleesglazuur. Grill hem hierna op 200°C goudbruin en krokant.

Cake

125gr	Boter
125gr	Suiker
125gr	Ei
125gr	Bloem
5gr	Bakpoeder
Snufje	Zout
	Citroenrasp

Voor +- 1 cakeblik van 20cm.
Laat alle ingrediënten op kamertemperatuur komen.
Meng de boter en suiker en citroenrasp goed door elkaar.
Voeg het ei beetje voor beetje toe.
Spatel de bloem, bakpoeder en zout door het geheel.
Klop het beslag iets luchtig.

Schep het beslag in een ingevet cakeblik tot +- halverwege het blik.
Bak de cake in een voorverwarmde oven van 150°C in 50 à 60 min. gaar.

Chips

500gr	Aardappelen vastkokend
1 liter	Frituurolie plantaardig
	Zout

Was uw aardappelen. Schillen is optioneel.
Snijd het liefst met de mandoline dunne plakjes.
Was uw plakjes en dep ze goed droog.

Bak uw schijfjes in plantaardige frituurolie op 180°C.
Tijdens het bakken voldoende schudden en indien nodig met een vork de schijfjes uit elkaar halen.
Bak tot de chips goudbruin en krokant gebakken zijn.
Bestrooi meteen na het bakken met zout of een van de kruidenmixen uit dit boek (blz. 104 t/m 111).

Chocolade

1000gr Chocoladecouverture
Chocolade met tenminste 35% cacaoboter

Om chocolade goed te kunnen verwerken in vormen of als stukswerk zal deze eerst moeten worden voorgekristalliseerd. Hierbij wordt gezorgd door middel van beweging, tijd en temperatuur dat de juiste cacaoboterkristallen ontstaan. Zodat de juiste glans, breuk en krimp wordt verkregen nadat de chocolade is uitgekristalliseerd (gestold).

Dit kan door middel van de ent-manier. Hierbij smelt men 3/4 van de chocolade au bain-marie of in de magnetron en voegt men daarna al roerende het overige 1/4 deel toe.
Zijn alle klontjes chocolade verdwenen en voelt de massa koud aan uw vinger dan is de chocolade klaar voor gebruik.
Voelt de chocolade nog warm aan voeg dan wat extra stukjes toe tot de klontjes zijn verdwenen en deze koud aanvoelt. De ideale temperatuur is rond de 30°C
Voelt de chocolade koud aan maar zitten er nog klontjes in. Verwarm dan het geheel nog lichtjes voor max. 10 sec. in de magnetron.

Chocoladeglazuur

100gr	Water
200gr	Basterdsuiker
200gr	Blanke stroop
200gr	Chocolade puur, melk of wit
130gr	Gecondenseerde melk
20gr	Gelatine

Voor +- 2 taarten van 20cm.
Week uw gelatine in koud water.
Breng het water, basterdsuiker en blanke stroop aan de kook en laat doorkoken tot 104°C
Vul een ruime maatbeker met de chocolade, gecondenseerde melk en geweekte gelatine.
Giet hier het kokend mengsel op.
Maak met de staafmixer een glad chocoladeglazuur.
Voeg evt. poederkleurstof toe voor een gekleurde glazuur (witte chocolade). Houd uw staafmixer op de bodem zodat u er geen lucht inslaat.
Laat 1 nacht afgedekt opstijven in de koelkast.
Warm op tot 30°C en giet over bevroren taart of gebak.
Ook wel 'mirror glaze' of spiegel genoemd.

Chocolademelk

200gr	Melk
35gr	Chocolade puur, melk of wit
12gr	Suiker

Breng de melk met de suiker aan de kook in een pan of in een mok in de magnetron.
Giet de melk op de chocolade. En roer tot een gladde chocolademelk.

Serveer warm met een lepel opgeklopte slagroom en een snufje cacaopoeder.

Klop eventueel een deel van de melk luchtig voor een chocolade latte macchiato.

Chocolademousse

110gr	Melk
475gr	Room 35%
50gr	Eidooier
75gr	Suiker
250gr	Chocolade puur, melk of wit

Voor 1 taartring van 25cm of 10 glaasjes.
Hak de chocolade in kleine stukjes. En plaats in een ruime kom.

Maak van de melk, suiker en eidooiers een vanillesaus. (Blz. 188, excl. Vanillestokje tenzij u witte chocolademousse maakt)
Giet de nog warme saus op de stukjes chocolade.
Roer tot alles gesmolten en gemengd is.
Laat afkoelen tot 20°C.

Klop de room op tot yoghurtdikte.
Wanneer het chocolademengsel is afgekoeld tot 20°C.
Spatel er voorzichtig de opgeklopte room onder.
Giet in glaasjes of een taartring. Laat opstijven in de koelkast.

Chocoladesaus

320gr	Room 35%
200gr	Chocolade puur, melk of wit
40gr	Blanke stroop (of evt. suiker)

Breng de room en de blanke stroop aan de kook.
Hak de chocolade in kleine stukjes.
Giet de kokende room op de chocolade en roer tot een gladde saus.

Serveer bij voorkeur warm.

Ciabatta

1 recept	Brood krokant blz. 40
100gr	Strooibloem
100gr	Water

Kneed het brooddeeg zoals aangegeven in het recept. Meng na het kneden 100gr extra water door uw deeg. Laat het deeg direct na het kneden in een ruime kom (het volume verdrievoudigd) bestrooid met veel bloem helemaal uitrijzen. Strooi ook bovenop ruim bloem.

Laat het deeg vanuit de kom voorzichtig op een rijkelijk met bloem bestrooit werkblad glijden. Zodat zo weinig mogelijk lucht verloren gaat.
Steek met een deegsteker of hakmes rechthoeken. En verdeel ze voorzichtig over een bakplaat.
Bak de ciabatta in een oven van 250°C in 10 à 12 min. goudbruin en krokant.

U kunt ze ook eventueel voorzichtig op een pizzasteen schuiven en afbakken.

Cocktailsaus

400gr	Mayonaise blz. 127
100gr	Ketchup blz. 93
2gr	Cayennepeper
10gr	Whisky
½	Citroen
	Peper & Zout

Meng de mayonaise en de ketchup.
Voeg de whisky, sap van een halve citroen en cayennepeper toe.
Breng op smaak met peper en zout.

Coleslaw

100gr	Witte kool
100gr	Rode kool
100gr	Spitskool
100gr	Appel
50gr	Ui
25gr	Griekse yoghurt
25gr	Mayonaise blz. 127
10gr	Mosterd blz. 132
Bosje	Dille
Bosje	Peterselie
Bosje	Bieslook
	Peper & Zout

Rasp of snijd de kool, snijd de appel en ui in dunne reepjes.
Hak de kruiden fijn.
Meng alles door elkaar in een kom.
Serveer zo koud mogelijk.

Crackers

500gr	Bloem/Meel
250gr	Water 45°C
50gr	Boter
15/5gr	Gist vers/gedroogd
8gr	Zout
	Zaden & Pitten

Voor +- 2 bakplaten van 50cm aan crackers.
Maak van uw bloem of meel met het water, de zachte boter, gist en zout een stevig en elastisch deeg. Bol uw deeg op tot een stevige bol. En laat het 20 minuten rijzen onder een handdoek.
Rol uw deeg uit tot een dunne plak en leg het op een bakplaat met bakpapier.
Prik met een vork over de gehele plak gaatjes.
Bestrijk met water en bestrooi met zaden & pitten naar keuze.
Laat 25 minuten rijzen op een warme vochtige plaats.
Bak de crackers in 30 á 40 minuten gaar in een voorverwarmde oven van 190°C

Crème Brûlée

250gr	Room 35%
250gr	Melk
125gr	Eidooier
75gr	Suiker
1	Vanillestokje
	Rietsuiker

Voor +- 8 tot 10 crème brûlée.
Klop de eidooiers los en meng ze met de room, melk, suiker en het merg van uw vanillestokje.
Giet een laagje van max. 2cm crème brûlée in ovenschaaltjes.
Plaats de schaaltjes in een grote ovenschaal en giet deze vol met kokend water tot net onder de rand van de crème brûlée. Plaats de schaal in een voorverwarmde oven van 130°C. Gaar de crème brûlée in 40 á 50 min. tot ze stevig aanvoelen.

Strooi vlak voor serveren een laagje rietsuiker over uw crème brûlée en brand deze goudbruin en krokant met een brander. Herhaal dit nog 1 keer voor een mooie dikke laag karamel.

Cremeux Boter

250gr	Fruitpuree
125gr	Eidooier
50gr	Suiker
100gr	Boter
4gr	Gelatine

Klop uw eidooiers en suiker los. Week de gelatine in ruim water. Snijd uw boter in blokjes en laat op kamertemperatuur komen. Breng de fruitpuree aan de kook en voeg het voor 2/3de toe aan het eidooier mengsel.
Roer het goed door.
Giet het hierna terug in de pan bij de rest en verwarm het geheel al roerende tot 87°C tot het indikt.
Voeg de geweekte gelatine toe.
Laat het geheel afkoelen tot kamertemperatuur.
Voeg de roomboter blokje voor blokje toe terwijl u met de staafmixer goed mengt.
Laat het geheel opstijven in de koelkast.
Cremeux is een stevige, zeer romige vulling voor o.a. taarten en gebak en wordt vaak in combinatie met bavaroise gebruikt.

Cremeux Chocolade

250gr	Melk
125gr	Room 35%
125gr	Suiker
125gr	Eidooier
7gr	Gelatine
250gr	Witte chocolade
1	Vanillestokje

Breng de melk, room en het merg van uw vanillestokje aan de kook in een ruime pan.
Klop de suiker en de eidooier los.
Giet 2/3 van de room bij het eidooier roer goed door en voeg bij de rest van de room terug in de pan.
Breng het geheel al roerende tot 87°C. Tot het indikt.
Giet het warme mengsel op de geweekte gelatine en witte chocolade in stukjes.
Pureer met de staafmixer tot een gladde massa.
Vermijd inslag van lucht. Laat afgedekt afkoelen in de koelkast. Chocoladesoort of specerij is naar eigen smaak aan te passen.
Cremeux is een stevige, zeer romige vulling voor o.a. taarten en gebak en wordt vaak in combinatie met bavaroise gebruikt.

Croissants

1000gr	Bloem	650gr	Boter
250gr	Water	60/20gr.	Gist
250gr	Melk	25gr	Zout
100gr	Suiker		

Maak een stevig deeg van alle ingrediënten hou echter 600gr boter apart. Kneed het deeg niet af.
Rol het deeg uit tot een rechthoekige plak van ongeveer 1 cm dik. Verdeel het deeg in 2 vierkante plakken.
Rol de boter tussen 2 bakpapiertjes uit tot een even grote plak als het deeg. Leg de boter op het deeg en dek het af met de andere plak deeg. Zodat deeg-boter-deeg ontstaat.
Verpak het deeg in plastic en laat het 1 nacht rusten in de koelkast.
Rol het deeg uit tot 1 cm dik. Vouw het in 3 lagen op.
Herhaal dit nog 2 keer. Draai telkens 1 kwartslag en laat het tussendoor 1 uur rusten. Leg het deeg 1 nacht in de koelkast.

Rol de volgende dag het deeg uit tot 0,5cm.
Snijd lange banen en verdeel deze in driehoeken.
Rol de driehoeken op beginnend bij de lange zijde richting de punt.
Laat het deeg rijzen op een bakplaat met bakpapier.
Bak de croissants in 20 min. goudbruin in een voorverwarmde oven van 200°C. Verlaag de temperatuur naar 170°C wanneer de croissants de oven in gaan.

Desem

500gr	Roggemeel volkoren
500gr	Water
Evt.	Bier, appel, yoghurt

Meng 200gr roggemeel en 200gr water.
Laat dit in een ruime pot met de deksel eraf op kamertemperatuur 1 dag staan.
Voeg evt. starters toe zoals een scheutje bier, appelschillen of yoghurt.
Verwijder na 1 dag de helft van het mengsel en vul aan met 100gr roggemeel en 100gr water.
Herhaal dit nog 2 keer met steeds een dag ertussen.
Verwijder ook de evt. starter.
Als alles goed gaat begint uw desem te leven en ruikt het naar azijn of yoghurt.
Plaats uw desem in de koelkast en voed +- 1 keer per week met een nieuw water/bloemmengsel. Uw desem moet steeds iets nieuws te eten hebben.
De activiteit vertraagt in de koelkast.
Gebruik een deel van uw desem in bijv. brood krokant blz. 40. Vul aan door te voeden.
Zo kunt u uw desem eeuwig in leven houden.

Donuts

500gr	Bloem
280gr	Melk
50gr	Ei
50gr	Boter
30/10gr	Gist vers/gedroogd
5gr	Zout
	Poedersuiker

Maak van alle ingrediënten een deeg en kneed het tot het glad en elastisch is.
Laat het deeg afgedekt anderhalf uur rijzen.
Rol het uit tot een dikke plak van +- 2cm en steek ringen uit met een steker of groot glas.
Maak een gat in het midden. Dit kan met je vinger of door een hockey-, golf- of biljartbal in het midden te duwen en onder uw hand rondjes te draaien tot er een rond gat ontstaat.
Rol het restdeeg nogmaals uit en steek nog meer donuts uit.
Laat uw donuts afgedekt 30 min. rijzen.
Laat uw donuts voorzichtig in frituurolie zakken van 180°C. Bak de donuts aan 2 kanten goudbruin.
Bestrooi direct na het bakken met poedersuiker.

Dressing *vinaigrette*

50gr	Azijn
150gr	Olie
10gr	Mosterd blz. 132
10gr	Honing
	Verse tuinkruiden
	Peper & Zout

Voeg de mosterd, honing en azijn bij elkaar in een kom en klop stevig door elkaar met een garde.
Voeg al roerende in een straal de olie toe.
De dressing dikt iets in en wordt een gladde dressing.

Voeg peper, zout en fijngehakte verse tuinkruiden toe zoals peterselie, tijm, kervel, bieslook, dragon en dille.

Dressing *yoghurt*

100gr	Volle yoghurt
25gr	Olijfolie
10gr	Mosterd blz. 132
	Verse tuinkruiden
	Peper & Zout

Voeg de mosterd, yoghurt en olie bij elkaar in een kom en klop stevig door elkaar met een garde.

Voeg peper, zout en fijngehakte verse tuinkruiden toe zoals peterselie, tijm, kervel, bieslook, dragon en dille.

Dûkkah

50gr	Cashewnoten
50gr	Hazelnoten
50gr	Amandelen
40gr	Sesamzaad
20gr	Komijnzaad
10gr	Zwarte komijn
10gr	Korianderzaad
10gr	Venkelzaad
10gr	Zout grof
10gr	Peper
10gr	Anijszaad

Rooster alle ingrediënten in de oven tot ze goudbruin en krokant zijn.
Stamp lichtjes in een vijzel tot een zeer grof poeder.

Te gebruiken als dip of topping bij hummus (blz. 84)

Ei gevuld

6	Eieren hardgekookt blz. 66
50gr	Mayonaise blz. 127
10gr	Mosterd blz. 132
	Bieslook
	Peterselie
	Peper & Zout

Kook uw eieren 6 min in kokend water, pel ze en snijd ze in de lengte doormidden.
Schep voorzichtig de eidooiers eruit in een kom en plaats het eiwit op een schaal.

Prak de eidooiers fijn met de mayonaise, mosterd, fijngehakte verse kruiden en breng op smaak met peper en zout.
Afhankelijk van uw eieren voeg wat extra mayonaise toe wanneer het mengsel wat droog aanvoelt.
Doe het mengsel in een spuitzak met een kartelspuitje en spuit rozetten eidooier in uw eiwit.
Werk af met nog een klein snufje peper, zout en fijngehakte verse kruiden.

Ei koken

1 Ei
Water

Voor zachtgekookte eieren:
Leg uw eieren in een steelpannetje zet ze een halve cm. onder water.
Breng aan de kook.
Zodra het water kookt zet u het fornuis uit en haalt u de pan van het vuur.
Zet een wekker op 7 min.
Spoel na 7 min. de eieren af met koud water.
U heeft een perfect zachtgekookt ei.

Voor een hardgekookt ei 6 min. in zachtjes kokend water laten garen. Daarna meteen afspoelen met koud water.

Makkelijk pellen? Rol de eieren een keer over het aanrecht zodat ze gebarsten zijn en leg ze terug in het koude water voor een minuutje.
Het water kruipt in de schil en zorgt ervoor dat de schil vlug loskomt.

Ei salade

8	Eieren hardgekookt
75gr	Mayonaise blz. 127
10gr	Mosterd blz. 132
	Bieslook
	Peterselie
	Peper & Zout
Evt.	Kerriepoeder

Snijd de hardgekookte eieren in grove stukken.
Meng met de mosterd, mayonaise en verse fijngehakte kruiden.
Voeg peper, zout en evt. kerriepoeder toe naar smaak.
Voeg naar eigen smaak extra mayonaise toe wanneer de salade nog niet smeuïg genoeg is.

Eierkoek Brabants

120gr	Ei
100gr	Karnemelk
240gr	Basterdsuiker wit
360gr	Bloem
12gr	Ammonium
20gr	Citroenrasp

Zeef uw bloem.
Meng alle ingrediënten tot een glad beslag.
Laat het bij voorkeur 1 nacht rijpen in de koelkast.

Schep met een natte ijsschep een bol beslag op een bakplaat met bakpapier.

Bak de eierkoeken meteen af in een voorverwarmde oven van 250°C.
Bestrooi eventueel voor het bakken met noten, stukjes appel en kaneel of rozijnen.

Erwtensoep

500gr	Spliterwten
2l	Bouillon groente blz. 35
1	Ui, Prei, Winterpeen
1	kleine knolselderij
1	Bouquet garni blz. 38
Evt.	Schouderkarbonade en rookworst

Breng de groentebouillon aan de kook met de spliterwten en evt. de schouderkarbonade. Laat 30 min. koken. Ga regelmatig met een spatel over de bodem van de pan en schep het schuim van de bodem met een schuimspaan.
Snijd de ui, prei, winterpeen en knolselderij in kleine blokjes. Voeg de groente en uw bouquet garni toe aan de soep.
En laat het geheel 45 min. zachtjes pruttelen.
Totdat alle spliterwten kapot gekookt zijn en uw groente gaar zijn.
Verwijder de bouquet garni en evt. de schouderkarbonade. Snijd het vlees klein.
Voeg evt. uw rookworst in plakjes toe.
Voeg wat water toe indien u een wat dunnere soep verlangt.

Espuma

250gr	Groente of fruitpuree
250gr	Room 35%

Kook uw groente gaar. Was en schil uw fruit. Pureer met de room en breng evt. op smaak met kruiden of specerijen.
Vul hiermee uw kidde, schud goed en laat in de koelkast koud worden. Breng op druk met 1 á 2 gaspatronen.

Serveer een zoete variant bij het dessert zoals Moulleux, Panna cotta of Parfait. (blz. 134, 139, 141)

Serveer een hartige variant bij een gebakken stukje vlees of vis als spectaculair garnituur.

Filet americain

500gr	Mager rundvlees van de bil
100gr	Sauce americain blz. 167
10gr	Worcestershire saus
25gr	Ui
25gr	Kappertjes
	Peper & Zout
	Peterselie

Zorg dat u schoon werkt en zeer verse producten gebruikt!
Maal uw verse vlees grof in de gehaktmolen.
Meng in een grote kom met een gesnipperd uitje, kappertjes, de Worcestershiresaus en verse sauce americain.
Breng op smaak met gehakte verse peterselie en peper en zout.

Gekoeld bewaren en dagvers consumeren.

Fries Suikerbrood

500gr	Bloem
24/8gr	Gist vers/gedroogd
7gr	Zout
50gr	Boter
300gr	Water 45°C
325gr	Suikerchips p5/p4
10gr	Kaneel

Voor 1 groot suikerbrood of 2 kleintjes.
Maak van alle ingrediënten, behalve de suikerchips en kaneel een samenhangend deeg.
Kneed het tot een soepel en elastisch deeg.
Meng als laatste de suikerchips en kaneel erdoor.
Verdeel in 2 stukken duw uw deeg plat en rol het deeg strak op. Laat het een half uurtje rijzen.
Sla het deeg plat en vouw de punten naar binnen tot een rechthoek. Rol uw deeg op tot een strakke punt even lang als uw cake/broodblik.
Leg het deeg in de ingevette blikken.
Laat het op een warme vochtige plaats verdubbelen in volume. Bak uw suikerbrood in +-25min. goudbruin in een voorverwarmde oven van 200°C.

Friet

500gr	Aardappelen kruimig Frieslanders of Bintjes
500gr	Ossewit of plantaardig frituurvet
	Zout fijn

Schil de aardappelen en snijd ze in frieten.
Spoel de aardappelen af met koud water.
Dep ze droog en bak ze in kleine hoeveelheden voor in uw frituurpan op 150°C

Laat uw frietjes nu volledig afkoelen. Tot ze goed koud zijn! Leg ze bij haast evt. in koelkast of vriezer.

Bak de koude frieten goudbruin en krokant in uw frituurpan op 170°C.
Weer in kleine hoeveelheden. (Niet stapelen!)
Serveer met huisgemaakte mayonaise (Blz. 127)

Fruitgelei

300gr	Fruit
200gr	Fruitsap
100gr	Suiker
20gr	Maïzena

Ontpit uw fruit en maak schoon.
Voor bijvoorbeeld kersen, ontpit ze en zet apart.
Breng het sap met de suiker aan de kook.
Los de maïzena op in een beetje water.
Roer het maïzenapapje door het sap.
Laat aan de kook komen, het sap zal indikken tot gelei.
Roer er de kersen doorheen.
Laat afgedekt afkoelen in de koelkast.

Gebruik als taartvulling in biscuit (blz. 29) of vlaai (blz. 195).

Ganache

500gr	Chocolade
500gr	Room 35%
Evt.	Klontje boter
Evt.	50gr glucosestroop

Breng de room (met evt. de glucosestroop) aan de kook.
Hak de chocolade in stukjes. Giet de room op de chocolade. Laat even smelten (voeg evt. de boter toe) en meng goed door elkaar. Evt. met de staafmixer.
Laat afgedekt afkoelen.
Smeerbaar op kamertemperatuur.

Voor een snijdbare ganache: 350gr room op 500gr chocolade.
Voor een vloeibare ganache 650gr room op 500gr chocolade.

Breng eventueel op smaak met kruiden of specerijen die men op voorhand laat trekken in de room. Of vervang een deel van de room door likeur of fruitsap/puree.

Gaucamole

2	Avocado's rijp
1	Limoen
1	Tomaat klein
1	Rode peper
1	Rode ui klein
Bosje	Koriander
5gr	Komijn
	Peper & Zout

Verwijder de pit en schil van de avocado's.
Pers het sap uit de limoen.
Voeg alle ingrediënten samen in een keukenmachine of blender en hak alles samen tot een grove pasta.
Breng op smaak met eventueel wat extra limoensap, peper en zout.

Te gebruiken als dip of spread.

Gehaktbal

500gr	Gehakt half om half
20gr	Mosterd blz. 132
50gr	Curry
10gr	Sambal blz. 164
20gr	Worcestershiresaus
1	Ei
1	Beschuit of een beetje paneermeel
	Peper & Zout

Voor +- 6 gehaktballen. Meng alle ingrediënten door elkaar. Voeg eventueel een extra beschuit toe wanneer uw gehakt nog wat nat aanvoelt.
Rol stevige ronde ballen van ongeveer de grote van uw handpalm.
Braad de gehaktballen kort op middelhoog vuur aan in een pan met boter en een scheutje olie.
Schroei de ballen rondom dicht.
Leg de ballen in een ovenschaal of braadpan.
Blus de pan af met een scheutje bouillon (rode wijn of donker bier). Breng aan de kook en laat eventjes inkoken.
Giet hierna over de ballen in de ovenschaal/braadpan.
Gaar de gehaktballen in een voorverwarmde oven van 180°C of op laag vuur op uw fornuis. +- 15 min.

Gevogelte Braden

1 hele	Kip, Kalkoen, Eend, Gans
1 recept	Marinade Gevogelte blz. 121

Marineer uw vlees 1 dag op voorhand met marinade gevogelte (blz. 121).
Braad uw gevogelte kort aan in een hete braadpan.
Zodat deze goed dichtgeschroeid is.
Plaats uw gevogelte met de borst naar beneden in de braadpan.
Zet uw braadpan in een voorverwarmde oven van 160°C.
Bedruip regelmatig uw vlees met het bakvocht uit de pan. Keer uw vlees halverwege om zodat de borst bovenop komt te liggen.
Check na 1 uur of uw vlees gaar is.
Prik met een vork in de dij. Komt er helder vocht uitgelopen dan is dit een teken dat hij gaar is.
Meet met een kernthermometer de kerntemperatuur.
Deze moet 70°C zijn.
Laat uw vlees voordat u het serveert minstens 45 min. rusten onder aluminiumfolie.
Maak van het bakvocht in uw braadpan een Jus (blz. 87)

Gnocchi

500gr	Aardappelen kruimig
100gr	Bloem
100gr	Parmezaanse kaas
50gr	Eidooier
	Peper & Zout

Voor +- 4 personen.
Schil de aardappelen en kook ze gaar in ruim water met zout.
Duw de aardappelen door een zeef tot puree.
Meng met de bloem, kaas, eidooier en peper & zout.
Kneed tot een deeg. Voeg evt. extra bloem toe wanneer uw deeg wat slap is.
Rol lange pillen van het deeg en snijd klompjes ter grootte van een vingerkootje.
Duw lichtjes met een vork ribbels in de deegstukjes.
Zodat de pastasaus goed kan blijven hangen.

Kook in ruim water met zout gaar in +- 2 min. Als de gnocchi's gaan drijven zijn ze gaar.
Serveer met pastasaus (blz. 142, 143, 144)

Granola

300gr	Havermout
100gr	Lijnzaad
100gr	Noten
100gr	Gedroogd fruit/rozijnen
100gr	Honing
Snufje	Kaneel

Meng alle ingrediënten en verspreid het over een bakplaat bekleed met bakpapier.
Spreid de granen uit over de bakplaat.

Bak het geheel goudbruin en krokant in een voorverwarmde oven van 160°C.
Laat afkoelen en breek in stukjes.
Bewaar in een luchtdichte pot.

Harde Wener deeg

100gr	Suiker
200gr	Boter
300gr	Bloem
5gr	Bakpoeder
2gr	Zout
1	Ei

Hak de boter in kleine blokjes.
Meng de suiker, boter en ei tot een plakkerig geheel.
Voeg de bloem, bakpoeder en zout toe.
Meng tot een stevig deeg.
Laat voor verwerking opstijven in de koelkast.

Te gebruiken als basisdeeg voor koekjes, appeltaart, taartbodems enz.

Hazelnootpasta

200gr	Hazelnoten evt. andere noot
100gr	Suiker
50gr	Hazelnootolie evt. plantaardige
150gr	Chocolade

Rooster de hazelnoten in een voorverwarmde oven van 180°C tot ze goudbruin zijn.
Laat de suiker karamelliseren in een grote koekenpan. Wanneer de suiker gesmolten is en lichtbruin is gekleurd de hazelnoten toevoegen.
Laat de noten met karamel afkoelen op een bakplaat met bakpapier.

Maal de karamelnoten fijn tot een gladde pasta in de keukenmachine. Dit kan even duren.
Voeg de olie en gesmolten chocolade (35°C) toe.
Meng goed door tot een gladde pasta.

Bewaar buiten de koelkast in met kokend water gesteriliseerde potten.

Hollandaise Saus

250gr	Boter geklaard
100gr	Eidooier
10gr	Azijn kruiden
10gr	Water
5gr	Citroensap
	Peper & Zout

Smelt de boter op laag vuur en giet het heldere vet dat bovenop ligt af in een ander kommetje.
Klop de eidooiers met azijn, water, citroensap en peper & zout op laag vuur of au bain-marie luchtig en gaar. Blijf roeren!
Als het mengsel iets indikt zijn de eidooiers gaar. Haal meteen de pan van het vuur.

Giet straalsgewijs de geklaarde boter bij het eimengsel onder voortdurend roeren.

Serveer direct bij vis of gekookte asperges met ham en ei.

Hummus

500gr	Kikkererwten
50gr	Tahin sesampasta
50gr	Water
20gr	Olijfolie
1teentje	Knoflook
10gr	Citroensap
5gr	Komijn gemalen
	Peper & Zout

Week de kikkererwten 1 nacht bij gebruik van gedroogde. Laat de kikkererwten uitlekken bij gebruik van ingeblikte kikkererwten.
Pureer met de staafmixer of keukenmachine alle ingrediënten tot een gladde pasta.

Passeer uw hummus door een fijne zeef indien u het liefst een gladde hummus heeft.

Serveer met een schaaltje dûkkah (blz. 64) als dip of strooisel, bij versgebakken brood. (blz. 40)

Huzarensalade

1kg	Aardappelen vastkokend
200gr	Mayonaise blz. 127
200gr	Ham gekookt
200gr	Doperwten
50gr	Mosterd blz. 132
2	Appels jonagold, granny Smith
1	Ui rood
8	Augurken
6	Eieren

Voor +- 6 personen.
Schil de aardappelen en snijd ze in kleine blokjes.
Kook uw aardappelen met de eieren en doperwten in ruim water met zout gaar en laat ze afkoelen.
Snijd de appels, ui, ham en augurken in kleine blokjes.
Meng alles met de mosterd en mayonaise tot een huzarensalade. Breng op smaak met peper en zout.

Serveer op blaadjes sla en werk af met de eieren, tomaatjes, augurkjes, uienringen enz.

Jam

1kg	Vruchten schoongemaakt
500gr	Suiker
Evt.	Kruiden & Specerijen

Verwijder stelen en pitten en weeg af hoeveel fruit u overhoudt. Neem ⅓ van dit gewicht aan water en Weeg alvast helft aan gewicht af in suiker. Breng het water samen met uw fruit aan de kook.
Voeg evt. uw kruiden en/of specerijen toe.
Laat tot ⅔ inkoken zodat al uw vruchten kapot gekookt zijn. Roer regelmatig. Indien u geen schilletjes/pitjes wenst in uw jam schep deze dan nu af.
Voeg de suiker toe, roer goed en laat inkoken tot ongeveer ⅔.
Test op een koud bordje in de koelkast de dikte van uw jam. Indien de jam nog wat dun is, verder inkoken. Bij de gewenste dikte in met kokend water gesteriliseerde glazen potten afvullen en op de deksel laten afkoelen.

In tegenstelling tot gebonden jam met gebruik van geleisuiker, vele jaren houdbaar.

Gebruik voor het maken van jam liefst zure vruchten zoals abrikozen, kersen, rabarber, pruimen, aalbessen, kruisbessen, frambozen of aardbeien.

Jus

200ml	Bouillon, bier of wijn
1	Pan of braadslede waar uw vlees in is gebakken

Na het braden van uw vlees de pan of braadslede afblussen met bouillon (blz. 37), bier of wijn. Schraap met een houten spatel over de bodem om alle aanbaksels los te weken.
Laat eventjes inkoken tot de juiste sterkte van smaak.

Bind eventueel met een kleine hoeveelheid maïzena.

Kaasfondue

1000gr	Kaas gruyère, emmentaler, Comté
300ml	Witte wijn
60ml	Kirsch
8gr	Maïzena
Teentje	Knoflook
	Peper zwart

Voor +- 4 personen.
Wrijf de binnenkant van uw pan in met een knoflookteentje.
Verhit uw wijn en kirsch langzaam en voeg geleidelijk de geraspte kaas toe.
Blijf het mengsel verhitten tot het begint te koken en de kaas gesmolten is.
Bind de massa indien nodig met de Maizena.
Houd de fondue warm met een theelichtje eronder of met een fondue brandertje.

Serveer met stukjes brood, wortel en aardappel om te dippen.

Kaassaus

1 recept	Bechamelsaus blz. 25
200gr	Kaas gruyère, emmentaler, blauwader

Maak een bechamelsaus volgens het recept op blz. 25.

Voeg al roerende de geraspte kaas toe. Gebruik bij voorkeur een smeltbare kaas.

Voeg eventueel naar smaak een lepeltje mosterd of een scheutje maggi toe.

Kaasstengel

1 recept	Bladerdeeg blz. 30
500gr	Kaas geraspt

Rol een plak bladerdeeg uit op ongeveer 3mm. dik. Ter grootte van uw bakplaat.
Leg uw bladerdeeg op een bakplaat met bakpapier.
Besmeer het bladerdeeg met ei of een beetje water.
Verdeel de geraspte kaas over het bladerdeeg.
Druk de kaas goed aan.
Snijd lange repen kaasstengel evt. met een pizzasnijder. De stengels mogen tegen elkaar aan blijven liggen.
Bak de kaasstengels af in een voorverwarmde oven van 170°C. Tot ze goudbruin en krokant zijn. +- 25 min.
Laat uw kaasstengels na het bakken nog ongeveer 10 min. nadrogen met de oven uit en de ovendeur open. Totdat ze vanbinnen ook krokant zijn.

Karamel

100gr Suiker

Bedek de bodem van een ruime pan met de suiker.
Laat de suiker smelten en karamelliseren.
Niet roeren! Enkel met de pan draaien.
Wanneer de suiker gesmolten is en lichtbruin gekleurd uitgieten op een bakplaat met bakpapier voor harde nougat. Voeg evt. gebrande noten toe voor notennougat.

Voor Karamelfudge voeg je in de pan 50gr aan de kook gebrachte warme room toe en 30gr boter. Let op dit gaat stevig bruisen. Gebruik een ruime pan! Giet uit en snijd na afkoelen in blokken.

Voor zachte karamel voor bijv. een pralinevulling voeg je in de pan 75gr warme room en 30gr boter toe.
Voor Karamelsaus voeg je 100gr warme room en 30gr boter toe.

Voeg evt. een snufje zout toe voor gezouten karamel.

Kerst/paasstol

500gr	Bloem	500gr	Rozijnen gewelde
50gr	Verse Gist	100gr	Krenten gewelde
20gr	Zout	50gr	Hazelnoten gebrand
290gr	Water 45°C	75gr	Fruit gedroogd
150gr	Boter	Rasp van 1 citroen	
50gr	Ei		
350gr	Amandelspijs (blz. 6)		

Maak van de bloem, gist, zout, zachte boter, ei en het water een soepel samenhangend deeg. Kneed totdat het zeer elastisch is. Kneed daarna de vulling door uw deeg. Rol op tot een stevige punt en laat onder een theedoek 20 min. rusten.
Druk de ontstane lucht uit de punt en bol het deeg op tot een gladde bol. Laat nogmaals 20 min. rusten.
Duw een rolstok in het midden van uw bol en rol uw deeg tot een ovaal met aan boven en onderzijde 2 'lippen'. Rol een pil van uw amandelspijs en leg deze in de midden. Maak de 'lippen' vochtig met wat water en vouw dicht.
Plaats met de onderkant naar boven op een bakplaat met bakpapier. Bestrijk met ei en bestrooi evt. met amandelschaafsel. Laat 45 min. rijzen. Bak in een oven van 200°C in 35min. goudbruin. Bestrijk meteen na het bakken met gesmolten boter.

Ketchup

500gr	Tomaten
20gr	Azijn
25gr	Gembersiroop
20gr	Worcestershiresaus
2teentjes	Knoflook
1	Ui
10gr	Korianderzaad
5gr	Nootmuskaat
	Peper & Zout

Snijd de tomaten, knoflook en ui in fijne blokjes. Bak de knoflook en ui glazig.
Breng met de rest van de ingrediënten en een scheutje water aan de kook.
Laat 30 min pruttelen. Totdat het vocht verdampt is en een dikke saus ontstaat. Pureer met de staafmixer en passeer door een fijne zeef.

Voeg evt. een paar eetlepels suiker toe wanneer u een zoetere saus verlangt.

Kibbeling / Lekkerbek

500gr	Kabeljauw
250gr	Bloem
400gr	Melk
Kruidenmix:	
20gr	Zout
2x 10gr	Knoflook/ui-poeder
5x 5g	Chili/paprika/peper/gember/mosterd

Meng alle kruiden goed door elkaar. Gebruik de poeder varianten.

Maak van de bloem en de melk een beslag. Passeer door een zeef zodat er geen klontjes achterblijven. Zet in de koelkast zodat uw beslag koud is.
Fileer de kabeljauw en snijd in stukken voor kibbeling.
Of laat in zijn geheel voor een lekkerbekje.
Verwarm een frituurpan met frituurolie tot 170°C.
Haal uw kabeljauw door het beslag en bak uw kibbeling of lekkerbekje goudbruin en krokant. +- 5 min.
Niet stapelen!
Bestrooi direct na het bakken rijkelijk met uw kruidenmix.
Serveer met remouladesaus (blz. 157).

Kip gefrituurd

10	Kippenpoten/vleugels
300ml	Karnemelk
100gr	Marinade gevogelte blz. 121
100gr	Maïzena
80gr	Bloem
	Peper & Zout

Laat de kip marineren in de karnemelk en de marinade. Liefst 1 nacht in de koelkast.

Giet de kippenpoten af in een zeef en laat ze uitlekken.
Meng de Maizena, bloem, peper en zout en rol hier de kip doorheen. Tot ze gelijkmatig gepaneerd zijn.
Bak de kip in kleine porties in frituurolie van 180°C goudbruin en krokant.
Laat uitlekken op keukenpapier
Serveer vers uit de frituur met een saus naar keuze.

Kipkerrie / satésalade

500gr	Bouillon kip blz. 37
200gr	Kippendijen
50gr	Bosui
80gr	Mayonaise blz. 127
10gr	Mosterd blz. 132
15gr	Kerriepoeder
evt. 80gr	Ananas
	Peper & Zout

Kook de kippendijen gaar in de bouillon.
Pluk de kip met 2 vorken tot reepjes.
Snijd de bosui en evt. de ananas fijn.
Maak met de mayonaise en kerriepoeder een smeerbare salade. Voeg naar smaak peper en zout toe.

Voor kipsatésalade, vervangt u de mayonaise voor satésaus (blz. 166). En laat u de mosterd, kerrie en ananas achterwege.

Kletskop

60gr	Boter
200gr	Basterdsuiker wit
100gr	Bloem
10gr	Water
5gr	Kaneel
	Amandelen

Meng de zachte boter met suiker, water en kaneel.
Meng als laatste de bloem erdoor.
Dit is een roerdeeg, zorg dat er zo min mogelijk lucht in het beslag komt.
Spuit kleine dopjes met zeer ruime tussenruimte op een bakplaat met bakpapier.
Duw wat amandelen of wat amandelschaafsel op de dopjes beslag.

Bak de kletskoppen in +- 6 min. goudbruin en krokant in een voorverwarmde oven van 200°C.

Knoflooksaus

300gr	Mayonaise blz. 127
100gr	Yoghurt
1 teentje	Knoflook
½	Citroen
Bosje	Dille
Bosje	Peterselie
Bosje	Bieslook
	Peper & Zout

Snijd of pers de knoflook zeer fijn. Wals/pers evt. met de zijkant van uw mes tot pasta. Grove stukken knoflook is niet gewenst.

Hak uw verse kruiden fijn.

Roer alles goed door elkaar.

Gebruik Crème fraîche of Griekse yoghurt voor een iets dikkere saus.

Koffiekoek

500gr	Bloem	190gr	Water
30gr	Basterdsuiker	280gr	Boter
100gr	Ei	24/8gr	Gist vers/gedroogd
9gr	Zout	250gr	Rozijnen
300gr	Banketbakkersroom blz. 19		

Meng de eerste 6 ingrediënten tot een stevig deeg. Men hoeft dit niet lang te kneden. Voeg de koude boter in blokjes toe draai dit kort door elkaar.

Rol het deeg met de stukken boter erdoorheen uit tot een rechthoek van 1cm. dik. Vouw het deeg in 3 lagen op. Draai het deeg ¼ slag en herhaal dit rol/vouwproces nog 2 maal.

Laat het deeg een ½ uur rusten.

Rol het deeg uit tot een lange rechthoek van 40cm breed en 4mm dik.

Smeer de banketbakkersroom uit en bestrooi met de rozijnen.

Laat aan de onderkant 2 cm vrij en maak deze met wat water vochtig.

Rol het deeg op, beginnend vanaf de bovenkant, tot een dikke pil.

Snijd koffiekoeken van ongeveer 2 á 3 cm dik. Plaats op een bakplaat met bakpapier.

Laat 30 á 45min. rijzen onder een vochtige theedoek.

Bak de koffiekoeken goudbruin en krokant in een voorverwarmde oven van 170°C.

Komkommersalade

2	Komkommers
50gr	Mayonaise blz. 127
50gr	Yoghurt Grieks
½	Citroen
Bosje	Dille, peterselie, bieslook
	Peper & Zout

Snijd uw komkommers met de mandoline in dunne plakjes.
Laat met de yoghurt in een schone kaasdoek in een vergiet boven een opvangbakje uitlekken. +- 1 nacht in de koelkast. ('hangop')

Meng de yoghurt en komkommer met de gesneden verse tuinkruiden en het sap van een ½ citroen tot een smeerbare salade.

Serveer met versgebakken brood of toast.

Kreeft/krab

1	Kreeft/krab
1 pan	10gr/liter water

Snijd uw kreeft in 1 haal met de punt van uw mes door zijn kop. En haal het mes naar beneden zodat zijn kop in een keer doormidden is. Of breng de kreeft in coma door hem een half uur in de vriezer te leggen. Levend koken is vanwege dierenwelzijn uit den boze.

Breng het water aan de kook en kook uw kreeft/krab 1 min. per 100gr.
Verwijder de maag en groenige lever bij de kreeft.
Of kook uw kreeft 2-3 min. Snijd in de lengte doormidden en grill hem daarna, met de vleeskant, bestreken met olie, op een hete grill voor 1 à 2 min. Draai om naar de schaalkant en laat ook van binnen warm worden.
Breek met een hamertje of kreefttang de schaal en peuter leeg met een kreeftenvorkje.
Serveer met mayonaise waarbij de azijn is vervangen door citroensap (blz. 127).

Kroket

300gr	Roux blz. 162
1000gr	Bouillon Rund blz. 37
400gr	Mager kalfsvlees
500gr	Paneermeel grof & fijn

Gaar het vlees op laag vuur in de bouillon tot het uit elkaar valt in draadjes.
Haal het vlees eruit, maak de roux in een ruime pan en maak de kroketvulling door de bouillon beetje voor beetje toe te voegen aan de roux.
Breng op smaak met mosterd, peper & zout, verse gehakte peterselie en een snufje nootmuskaat.
Stort de vulling uit in een ovenschaal en laat opstijven in de koelkast.
Rol een handje vulling in het fijne paneermeel tot een kroket. Paneer uw kroket vervolgens door ze eerst in ei te rollen en daarna door het grove paneermeel.

Bak de kroketten in frituurolie van 180°C tot ze blijven drijven, goudbruin en krokant zijn.

Kruidenboter

500gr	Boter
4 takjes	Tijm
"	Bieslook
"	Dille
"	Peterselie
"	Kervel
"	Dragon
Snufje	Peper
	Zout grof
2 teentjes	Knoflook
¼	Citroen

Hak de verse kruiden zeer fijn.
Pers de knoflook met de knoflookpers of snijd deze fijn en wals er een pasta van met de zijkant van uw mes. Pers het sap uit het schijfje citroen.
Meng het door de zachte boter en laat liefst 1 nacht in de koelkast op smaak komen.

Spuit eventueel rozetjes of rol in plasticfolie tot een worst voor plakjes.

Kruidenmix 5-spice

20gr	Steranijs
20gr	Venkelzaad
20gr	Szechuan-peper
20gr	Kaneel
10gr	Kruidnagel

Rasp de kruiden indien dit nog niet is gedaan tot poeder.
Meng de poeders en bewaar in een weckpot.
Te gebruiken voor o.a. gerechten uit de Chinese keuken.
Combineert goed met varken, eend of overwegend zoete gerechten zoals babi pangang.

+- 6 maanden houdbaar.

Kruidenmix *Aziatisch*

1st.	Ui
1teen	Knoflook
1teen	Gember
100gr	Sojasaus
20gr	Korianderzaad
20gr	Komijn
10gr	Chilipoeder
10gr	Kaneel
10gr	Kurkuma
5gr	Peper
5gr	Citroengras
5gr	Fenegriek
2gr	Visolie of trassi
2gr	Sesamolie

Maak van alle ingrediënten in de vijzel of in de blender een dikke pasta.
Bak de 'boemboe' of kruidenmix aan in de olie voordat u uw vlees/groenten toevoegt.

Als basis voor bami, nasi, wokken en noedels.
Beperkt houdbaar. Liefst vers gebruiken.

Kruidenmix gehakt

10gr	Peper zwart
5gr	Nootmuskaat
5gr	Kruidnagel
5gr	Zout

Rasp de kruiden tot poeder indien dit nog niet gedaan is.
Meng de poeders en bewaar in een weckpot.
Bak altijd knoflook en ui mee met uw gehakt. Of voeg aangefruite ui en knoflook toe aan uw gehakt voor bijv. gehaktballen.

+- 6 maanden houdbaar.

Kruidenmix *Indische curry*

40gr	Komijn
40gr	Korianderzaad
40gr	Gember
20gr	Fenegriek
10gr	Peper zwart
10gr	Peper wit
10gr	Kurkuma
10gr	Chilipoeder
10gr	Kardemon
10gr	Kaneel
10gr	Zout

Maal/rasp/droog alle kruiden tot poeder indien dit nog niet gedaan is.
Meng alle kruiden en bewaar in een weckpot.
+- 6 maanden houdbaar.
Bak de kruiden bij het maken van een curry aan in de olie. Voeg vervolgens ui, knoflook en evt. vlees toe en hierna uw groente en kokosmelk.

Kruidenmix Italiaans

20gr	Oregano
20gr	Marjolein
20gr	Rozemarijn
20gr	Tijm
10gr	Peterselie
10gr	Salie
10gr	Peper
10gr	Zout

Indien u verse kruiden gebruikt. Bindt ze vast aan een touwtje en hang ondersteboven op een droge plaats.
Wanneer uw kruiden goed gedroogd zijn ontdoe ze van hun takken. Snijd ze evt. fijn en meng met de overige kruiden tot uw kruidenmix.
Bewaar in een weckpot.

+- 6 maanden houdbaar.

Kruidenmix *Mexicaans*

40gr	Komijn
40gr	Korianderzaad
40gr	Paprikapoeder mild
20gr	Paprikapoeder gerookt
20gr	Oregano
10gr	Chilipoeder
5gr	Espressopoeder
5gr	Peper
5gr	Zout

Maal/rasp/droog alle kruiden tot poeder indien dit nog niet gedaan is.
Meng alle kruiden door elkaar.

Bak mee met uw gehakt, kip of groente voor taco's, wraps of chili's

+- 6 maanden houdbaar.

Kruidenmix Midden-Oosten

50gr	Korianderblad
40gr	Korianderzaad
40gr	Komijn
20gr	Gember
10gr	Kaneel
10gr	Peper zwart
10gr	Zout
5gr	Chilipoeder
5gr	Nootmuskaat
5gr	Kruidnagel

Maal/rasp/droog alle kruiden tot poeder indien dit nog niet gedaan is.
Meng alle kruiden door elkaar.

Bewaar in een weckpot.
+-6 maanden houdbaar.

Te gebruiken voor gerechten uit het Midden-Oosten zoals falafel, köfte, shakshuka of een lams tajine.

Kruidenmix speculaas

100gr	Kaneel
20gr	Nootmuskaat
20gr	Kardemon
20gr	Kruidnagel
10gr	Anijs
10gr	Foelie
10gr	Peper wit
10gr	Gember

Maal/rasp/droog alle kruiden tot poeder indien dit nog niet gedaan is.
Meng alle kruiden door elkaar.

+-6 maanden houdbaar.

Te gebruiken als koekkruiden in speculaas.

Kwarktaart gebakken

500gr	Roomkaas
100gr	Crème fraîche
100gr	Basterdsuiker wit
½	Vanillestokje
2	Eieren
1	Eidooier
25gr	Bloem
½ recept	Harde Wener deeg blz. 81

Maak een harde wener deeg volgens het recept en rol dit uit tot +- 0,5cm.
Bekleed er de bodem van uw met bakpapier beklede bakblik mee.
Klop de roomkaas, crème fraîche, suiker en vanille merg een paar minuten door tot een gladde massa, voeg een voor een het ei toe totdat deze volledig is opgenomen. Spatel de bloem er doorheen. Stort de vulling op het harde Wener deeg in uw bakblik.
Bak de kwarktaart +- 50 min. op 150°C gaar en geelgoud van kleur.
Werk na afkoelen af met vers fruit of jam.

Kwarktaart ongebakken

300gr	Koekjes
100gr	Boter
350gr	Roomkaas
500gr	Room 35%
50gr	Suiker
500gr	Fruitgelei blz. 74

Sla uw koekjes tot grove stukken.
Smelt de boter en meng door de koekkruimels.
Strijk met een warme lepel een bodem van koekkruimels in uw bakblik.
Laat de boter in uw koekbodem stollen in de koelkast.

Roer de roomkaas, suiker en ¼ van de room glad.
Voeg de rest van de slagroom toe en klop het geheel stevig.
Stort uw roomkaasvulling in uw bakblik. En vul aan met een laag van uw fruitgelei.
Traditiegetrouw afgewerkt met kersen in gelei (blz. 74)

Likeur

500gr	Alcohol (96%) of evt. brandewijn
	Fruit
	Kruiden
	Specerijen
	Noten/zaden

Vul een weckpot met uw alcohol en voeg hier uw smaakmakers aan toe. Incl. evt. suiker.
Laat 3 maanden op smaak komen.
Zeef uw likeur en leng aan met water en evt. suikersiroop. (breng hiervoor gelijke delen suiker/water aan de kook) totdat uw likeur naar uw wens de juiste smaak/sterkte heeft gekregen.
Door inbrenging van het vocht uit het fruit is uw likeur wellicht al direct op smaak/sterkte.

Voor bijv. aardbeienlikeur:

Laat 400gr aardbeien, 200gr suiker 1 vanillestokje met het merg, sap van 1 citroen en de alcohol 3 maanden op smaak komen. Zeef uw likeur en pers de aarbeien uit, er is een prachtige rode aardbeienlikeur ontstaan.
Breng evt. op smaak en vul af in schone kleine weckflesjes.

Limonadesiroop

500gr	Vruchtensap
500gr	Suiker
20gr	Citroensap

Maak van uw vruchten een helder sap door deze te pureren of te persen en te passeren door een zeef met een theedoek erin.

Breng het geheel aan de kook met de suiker en het citroensap (het citroensap verhoogt de houdbaarheid)
Laat het tot 3/4de inkoken.
Vul gesteriliseerde weckflesjes met uw siroop.

Leng aan met water en ijsklontjes naar eigen smaak voor een frisse limonade.

Linzer-taart

150gr	Boter
150gr	Suiker
150gr	Bloem
150gr	Hazelnoten gemalen
50gr	Eidooier
5gr	Kaneel
5gr	Koffie gemalen
2gr	Kruidnagel gemalen
¼	Citroenrasp
500gr	Fruitgelei of jam blz. 86,74

Rooster de hazelnoten in de oven en maal ze na afkoelen fijn tot poeder in een keukenmachine. Meng uw boter, suiker en ei tot een plakkend deeg. Voeg de overige ingrediënten toe en maak een soepel en stevig deeg.

Bekleed een ingevet laag bakblik (+- 28cm) met het deeg.

Vul met fruitgelei of jam van kersen of abrikozen (blz. 86,74). Snijd banen van uw overgebleven deeg en dek er uw taart kruislings mee af. Bak in een voorverwarmde oven van 160°C goudbruin en krokant. +- 45 min.

Loempia

½ recept	Kruidenmix Aziatisch blz.105
1	Ui
1	Wortel
1	Rode peper
100gr	Taugé
100gr	Schouderham reepjes
100gr	Spitskool
10	Loempiavellen

Snijd alle groente in lange dunne reepjes.
Breng een pan water aan de kook en gaar de groente kort in het water.
Maak de loempiavellen met een kwast vochtig langs de randen. Smeer een streep kruidenmix in het midden en leg hier uw vulling op.
Vouw de zijkanten naar binnen en rol uw loempia op.
Bak uw loempia's in frituurolie van 180°C goudbruin.

Macarons

250gr	Poedersuiker
150gr	Amandelpoeder
125gr	Eiwit
50gr	Suiker

Meng uw poedersuiker met het amandelpoeder.
Klop de eiwitten met het suiker stijf en luchtig.
Klop met een spatel uw amandel-/suikermengsel door het eiwit. Totdat er een enigszins glad en glanzend beslag ontstaat.
Spuit doppen op een bakplaat met bakpapier. Ze vloeien iets uit.
Laat uw macarons 30 min. staan. Ze drogen zo een beetje aan.
Bak uw macarons op 160°C +- 10 min.
Laat afkoelen en plak 2 macarons tegen elkaar met ganache (blz. 75).
Voeg evt. kleurstoffen toe aan uw beslag.
Maak een ganache naar smaak met specerijen, kruiden of een deel fruitpuree.

Madeleines

240gr	Bloem
200gr	Ei
190gr	Suiker
125gr	Boter
50gr	Melk
6gr	Bakpoeder
1	Vanillemerg

Smelt de boter en laat het iets bruin kleuren, hazelnootkleur (beurre noisette).
Meng de droge ingrediënten.
Roer hier de melk, ei en de boter doorheen.
Laat uw beslag afkoelen in de koelkast het liefst 1 nacht.
Vul een Madeleine vorm met het beslag en bak in +- 7 min. in een oven van 180°C.
Wanneer de randen gaar zijn doe de oven eventjes open. Hiermee helpt u de vorming van de karakteristieke 'bult'.
Bak goudbruin af en haal na het bakken meteen uit de vorm.

Margarita

75ml	Tequila
50ml	Sinaasappellikeur
40ml	Limoensap
Schijfje	Limoen

Giet al uw ingrediënten in de ene helft van een cocktailshaker. Vul aan met ijsklonten. Schud goed door elkaar zodat uw mix ijskoud wordt.

Ga met het schijfje limoen langs de rand van uw glas. Dip de rand van uw glas in fijn keukenzout.

Giet de mix af in het glas zonder het ijs.

Garneer met een schijfje limoen.

Marinade gevogelte

1	Citroen
4 takjes	Rozemarijn
3 teentjes	Knoflook
5gr	Zout
5gr	Peper zwart
100gr	Yoghurt
30gr	Olijfolie

Recept voor 1 hele kip.
Rasp de schil van de citroen. Snijd de knoflook en rozemarijn klein. En voeg dit samen met het peper en zout bij de yoghurt.

Smeer de marinade goed in uw kip/kalkoen/gevogelte.
Laat het liefst 1 nacht in de koelkast intrekken.

Marinade rund

6 takjes	Tijm
4 takjes	Rozemarijn
3 teentjes	Knoflook
1 blaadje	Laurier
5gr	Zout
5gr	Peper zwart
2gr	Piment
50gr	Mosterd blz. 132
50gr	Olijfolie

Hak uw verse kruiden en knoflook grof kleiner. Voeg dit bij de mosterd en olijfolie. Voeg uw blaadje laurier, peper, zout en piment toe. Roer goed door elkaar.

Stamp eventueel door elkaar in een vijzel.

Smeer uw vlees (bijv. rosbief) in met de marinade, dek af en laat 1 nacht in de koelkast op smaak komen.

Recept voor +- 1 á 2 kg.

Marinade varken

3 teentjes	Knoflook
5 takjes	Tijm
5gr	Zout
5gr	Peper zwart
10gr	Venkelzaad
20gr	Honing
50gr	Mosterd grof blz. 132
100ml	Appelsap
50gr	Olijfolie

Hak uw knoflook en tijm grof kleiner
Voeg alle ingrediënten bij de honing, mosterd en olijfolie en appelsap..
Roer goed door elkaar.

Smeer uw vlees (bijv. beenham) in met de marinade, dek af en laat 1 nacht in de koelkast intrekken.

Recept voor 1 beenham van +- 1kg.

Marinade vis

½	Citroen
1 teentje	Knoflook
1 bosje	Dille
1 bosje	Peterselie
5gr	Zout
5gr	Peper
20gr	Olijfolie
20gr	Wijn wit

Hak uw kruiden grof. En snijd uw citroen in plakjes.
Leg uw vis in een lage schaal of op een paar lagen aluminiumfolie.
Leg de plakjes citroen in de holte van de vis.
Strooi de verse kruiden, peper en zout over de vis en in de holte.
Laat 1 nacht afgedekt in de koelkast intrekken.

Bij voorkeur witvis. Bijv. 1 flinke forel.

Marinade wild

50gr	Port
10gr	Rode wijnazijn
5gr	Peper zwart
5gr	Zout
2gr	Piment
1	Kruidnagels
1	Steranijs
1	Jeneverbes
1 blaadje	Laurier
1 bosje	Tijm
3 teentjes	Knoflook

Snijd de knoflook klein.
Meng alle ingrediënten in een kom of zak.
Voeg uw vlees toe en laat 1 nacht afgedekt in de koelkast intrekken.

Voor wild zoals konijn, haas, hert of zwijn.
Wild gevogelte, zie marinade gevogelte blz. 121.

Marsepein

500gr	Poedersuiker
375/500gr	Amandelen
Druppeltje	Rozenwater/oranjebloesem

Voor marsepein van bonbon-kwaliteit gebruik verhouding 1/1.
Voor stevigere marsepein om te gebruiken voor het bekleden van taarten en gebak, of voor het maken van marsepein figuren/fruit gebruik verhouding 1/1,5.

Draai de amandelen tot zeer fijn poeder in keukenmachine of blender. Zo fijn mogelijk voor een zacht mondgevoel. Maar mix niet te lang en te hard om scheiding van de olie te voorkomen. Gebruik evt. de puls modus.
Voeg het rozenwater of oranjebloesem en de poedersuiker toe. Mix goed door elkaar.
Voeg evt. een druppeltje water toe om uw marsepein iets te binden. Zodat een kneedbare marsepein ontstaat.

Evt. ook te proberen met andere soorten noot.
Niet alle noten hebben hetzelfde oliegehalte als de amandel.
Voeg dus een beetje extra olie (van dezelfde noot) of poedersuiker toe totdat een stevige marsepein ontstaat.

Mayonaise

850gr	Plantaardige olie
50gr	Azijn
15gr	Mosterd blz. 132
150gr	Eidooier
Snufje	Peper & Zout

Klop de azijn, mosterd, eidooier, peper en zout met een garde of machinaal krachtig door elkaar. Voeg in een voorzichtige straal de olie toe, onder voortdurend kloppen, tot de gewenste dikte is bereikt.

Gebruik olie met een neutrale smaak.
Vervang eventueel een klein deel voor olijfolie.

Milkshake

200gr	Melk
100gr	Roomijs blz. 160
200gr	Fruit
50gr	Suiker

Schep uw roomijs in uw blender.
Voeg de melk, suiker en het fruit (liefst bevroren zodat u uw milkshake ijskoud kunt serveren) toe.
Mix goed door elkaar.
Serveer in een lang sorbetglas met een toefje opgeslagen slagroom, 2 rietjes en een kersje.

Voor chocolade milkshake vervang het fruit door 50gr pure chocolade.
Breng hiervoor de melk aan de kook en giet dit op de chocolade.
Laat afkoelen en mix samen met de overige ingrediënten.

Mole Mexicaans

100gr	Noten amandel, hazelnoot enz.
50gr	Cacaonibs
1recept	Kruidenmix Mexicaans blz. 109
3	Pepers naar keuze
3	Tomaten
1	Paprika rood
1	Ui
3teentjes	Knoflook
150gr	Tropisch fruit vers Mango, banaan, Ananas
½	Limoen
250ml	Bouillon kip blz. 37
50gr	Bruine suiker

Rooster uw noten en cacaonibs.
Bak uw tomaten, paprika, ui, pepers en knoflook in de oven. Tot ze goed zwart geroosterd zijn.
Verwijder evt. verbrande velletjes van tomaat en paprika. Blender samen met de kruiden en het fruit tot een dikke saus.
Bak uw saus in olie aan voeg de bouillon toe en breng aan de kook. Voeg als laatste de bruine suiker toe en het sap van een halve limoen.

Mojito

1/2	Limoen
10gr	Rietsuiker
Takje	Munt
50ml	Water koolzuurhoudend
60ml	Blanke rum

Schep uw rietsuiker in een longdrinkglas.
Voeg hier 2 x ¼ limoen en de blaadjes van 1 takje munt aan toe.
Stamp met een cocktailstamper of vork uw limoen uit en uw muntblaadjes fijn.
Giet hier de rum en uw bruisend water op en vul aan met ijs.
Garneer met een schijfje limoen.

Mosselen

1000gr	Mosselen Zeeuws
250ml	Wijn of bier wit
1	Ui
1	Prei
3 stengels	Bleekselderij
1	Laurierblad
	Peper en zout

Snijd uw groente fijn.
Plaats een mosselpan of grote pan met deksel op uw fornuis. Voeg hier uw groente, kruiden en wijn/bier aan toe. Daarbovenop de mosselen.
En kook de mosselen in +- 7 min. gaar.
Schud tussendoor een keer stevig met de pan.
De mosselen zijn geopend als ze gaar zijn.
Ongeopende mosselen zijn niet eetbaar.
Serveer met friet (blz. 73) en Ravigotte, Remoulade, of cocktailsaus (blz. 156, 157, 53)

Mosterd

100gr	Mosterdzaad geel
50gr	Mosterdzaad bruin
300gr	Azijn
	Peper & Zout

Laat uw mosterdzaad 1 nacht weken in de azijn.
Draai in uw keukenmachine uw ingrediënten tot een gladde mosterd. Voor grove mosterd mix iets korter.
Vul gesteriliseerde glazen potten met uw mosterd.
Laat de mosterd een paar weken rijpen.
De mosterd wordt iets scherper naarmate de tijd verstrijkt.

Voeg eventueel wat honing of suiker toe voor een iets zoetere variant.

Voor een wat scherpere mosterd gebruik wat extra bruin mosterdzaad en wat minder geel.
Of evt. enkel geel of enkel bruin mosterdzaad.

Moulleux

100gr	Ei
45gr	Basterdsuiker wit
65gr	Chocolade
25gr	Boter
25gr	Bloem

Klop uw ei en basterdsuiker samen luchtig.
Smelt uw chocolade en boter. Au-bain-marie of in de magnetron op een lage stand.
Spatel het ei en vervolgens de bloem hier doorheen.
Giet uw beslag in ingevette vormpjes.
Bak uw lavacakejes in een voorverwarmde oven van 190°C in +- 8-10 min. gaar. Sterk afhankelijk van uw oven en de plaats in uw oven.
Wanneer uw cakeje net aan gaar is langs de randen en in het midden nog ietsje zacht is uw moulleux goed.
Snijd evt. voorzichtig langs de rand om te lossen.
Serveer met verse kersen en een sabayon van kriekenbier. (blz. 163)

Naanbrood

500gr	Bloem
21/7gr	Gist vers/gedroogd
50gr	Boter
100gr	Yoghurt
250gr	Water
100gr	Boter
2teentjes	Knoflook
10gr	Komijnzaad
Bosje	Korianderblad

Maak van de eerste 5 ingrediënten een stevig samenhangend deeg. Kneed het deeg elastisch. Verdeel het in 5 bolletjes en laat het minstens een half uurtje rijzen.
Maak een kruidenboter-strijksel door de boter te smelten en de kruiden hieraan toe te voegen.

Duw het deeg tot een ovale plak. En bestrijk met de kruidenboter.
Bak de naanbroden in een voorverwarmde oven met een hete bakplaat of pizzasteen erin van 260°C.
Schep de broden met een plank of spatel op de steen.
Bak in +- 8 min. goudbruin.
Traditioneel geserveerd bij een Indische curry.

Oliebollen

500gr	Bloem	100gr	Krenten
500gr	Melk 45°C	100gr	Rozijnen
21/7gr	Gist vers/gedroogd	50gr	Appel
50gr	Basterdsuiker	1	Citroen
50gr	Ei		
10gr	Zout		

Snijd de appel in kleine blokjes. Rasp de schil van de citroen. Zet de krenten en rozijnen 15min. onder in lauw water. Spoel ze na met koud water.
Maak van de eerste 6 ingrediënten een glad beslag door het allemaal tegelijk te mengen in een keukenmachine met vlinderhaak. Of door in een kom met de hand te mengen. Meng als laatste voorzichtig de vulling erdoor. Laat het beslag in de kom op een warme plaats verdubbelen in volume.
Schep met een grote ijsschep bollen in en laat ze voorzichtig in plantaardige olie van 180°C zakken. Duw met het mandje of een schuimspaan de bollen onder in de olie zodat de bol volledig dichtschroeit. Zo kan er geen olie meer in de bol trekken.
Laat 1 kant goudbruin bakken en draai het vervolgens om. Schep uw pan niet te vol zodat uw temperatuur niet ineens zakt.

Omelet

2	Eieren
25gr	Melk
Evt.	Champignons, ui, wortel enz.
	Peper & Zout
	Bieslook, peterselie enz.

Klop de eieren en de melk door elkaar.
Voeg evt. verse kruiden toe
Bak uw eventuele groente gaar in een ruime koekenpan met boter.
Giet op hoog vuur uw eieren erbij.
Roer het gestolde ei aan de randen tijdens het bakken richting het midden.
Zodat de rest van het ei ook kan stollen.
Net zolang totdat alles gestold is.
Vouw uw omelet dubbel in de pan en serveer met vers brood (blz. 40).

Oude kaassalade

300gr	Oude kaas Nederlands
100gr	Parmezaanse kaas
100gr	Mayonaise blz. 127
50gr	Mosterd blz. 132
30gr	Augurk
	Peper & Zout

Rasp uw kaas in grove slierten.
Meng met de mayonaise, mosterd, fijn gesneden augurk en peper & zout.

Serveer met geroosterd brood, toastjes of gebruik als broodbeleg.

Gebruik liever geen overjarige kaas. Uw kaassalade zal brokkelig worden dit komt het mondgevoel niet ten goede.

Panna Cotta

600gr	Room 35%
100gr	Suiker
1	Vanillestokje
4gr	Gelatine

Week uw gelatine in koud water.
Breng uw room met de suiker en het merg van het vanillestokje aan de kook.
Laat eventjes afkoelen.
Wanneer uw room met de vanille even heeft getrokken los dan de uitgeknepen gelatine op in de lauw/warme room.
Giet uw panna cotta in kleine vormpjes.
Laat in de koelkast opstijven.

Los uw panna cotta door de vormpjes eventjes in warm water te dippen.

Serveer met sabayon, chocoladesaus of vanillesaus (blz. 163, 51, 191), vers fruit en opgeklopte room.

Pannenkoeken

250gr	Melk
50gr	Ei
150gr	Bloem
4gr	Zout
klontje	Boter

Voor 3 á 4 grote pannenkoeken.
Meng uw melk, ei, bloem en zout. Met een garde.
Passeer uw beslag door een zeef.

Laat een koekenpan met dikke bodem goed heet worden en smelt hier een klontje boter in. Giet het overtollige vet af. Laat uw boter niet aanbranden. Gebruik evt. Ghee of geklaarde boter.
Schep met een soeplepel beslag in uw pan en draai meteen rond met de pan zodat hij volledig bedekt is. Laat uw pannenkoek aan 1 kant bruin worden. Check evt. eventjes de onderkant met een lange spatel.
Draai uw pannenkoek om met de spatel en bak deze kant ook goudbruin.
Serveer met chocoladesaus, jam of appelstroop (blz. 51, 86, 13) en poedersuiker.

Parfait

500gr	Room 35%
250gr	Eidooier
250gr	Suiker
1	Vanillestokje

Klop de eidooier en melissuiker lichtjes op
Verwarm ondertussen de slagroom met het merg van 1 vanillestokje
Roer 2/3 van de kokende room bij het eidooier/suikermengsel en roer goed
Giet het nu terug in de pan.
Roer tot het mengsel iets indikt. En aan je spatel blijft plakken (à la nappè)
Zorg dat het niet kookt. Boven de 87°C wordt uw eigeel roerei.
Giet uw parfait in vormpjes en vries het in.

Serveer bevroren met sabayon, chocoladesaus of vanillesaus (blz. 163, 51, 191), vers fruit en opgeklopte room.
Voor vruchtenparfait vervangt u de helft van de room voor vruchtenpuree. Afhankelijk van het soort fruit iets minder suiker toevoegen.

Pastadeeg

500gr	Bloem 'tipo 00'
250gr	Ei
75gr	Eidooier
15gr	Olijfolie
5gr	Zout

Zeef uw bloem en voeg de eieren, olijfolie en zout toe.
Kneed uw deeg tot het soepel en egaal aanvoelt.
Laat uw deeg 1 uur rusten.
Rol uw deeg uit en verwerk het tot u favoriete pasta.

Door het deeg een paar keer dubbel te vouwen en uit te rollen met een pastamachine wordt uw pasta nog fijner van structuur. Ook wordt de pasta overal even dik uitgerold en gaart dus ook overal even vlug.

Pastasaus Bolognese

800gr	Tomaat
500gr	Gehakt rund
30gr	Kruidenmix Italiaans blz. 108
2 stengels	Bleekselderij
1	Ui
3 teentjes	Knoflook
1	Wortel

Ontvel uw tomaten door een kruisje in het vel te snijden en ze in kokend water onder te zetten en vervolgens in koud water te laten schrikken. Het velletje valt er zo vanzelf vanaf.

Fruit uw fijngesneden ui en knoflook aan in olijfolie. Voeg uw kruidenmix toe. Rul het gehakt bij uw ui. Voeg de fijngesneden groente incl. tomaten toe.

Laat uw saus ½ uurtje inkoken en op smaak komen op laag vuur. Voeg naar smaak wat extra kruiden, peper en zout toe.
Serveer met verse pasta (blz. 141) en geraspte Parmezaanse kaas.

Pastasaus Carbonare

150gr	Buikspek Varken
100gr	Ei
3 teentjes	Knoflook
1	Ui
150gr	Parmezaanse kaas
300gr	Spaghetti
10gr	Peper zwart

Bak uw spek, ui en knoflook op laag vuur. Tot uw spek krokant is.
Kook ondertussen uw pasta gaar in ruim water met zout.
Rasp uw kaas en tik uw eieren.
Voeg in een grote schaal uw pasta, kaas en eieren bij elkaar en roer goed. Door de warmte van uw pasta en spekjes gaart het ei en onstaat er een romige saus. Voeg evt. wat kookvocht toe wanneer uw pastasaus iets vloeibaarder zou mogen zijn.
Serveer direct.

Pastasaus Popeye

200gr	Babyspinazie
1	Ui
2 teentjes	Knoflook
75gr	Buikspek varken
30gr	Kruidenmix Italiaans blz. 108
40gr	Pijnboompitjes geroosterd
25gr	Pesto groen blz. 146
150gr	Room 35%
50gr	Parmezaanse kaas

Bak uw spekjes uit op laag vuur haal de spekjes eruit en laat het vet in de pan.
Fruit uw ui en knoflook aan in het spekvet.
Voeg uw pesto, room en kruidenmix toe.
Roer over de bodem van de pan om al het aanbaksel los te laten komen.
Gaar uw spinazie in de saus. Het slinkt erg in.
Breng de saus evt. op smaak met peper en zout of extra kruiden.
Kook uw pasta gaar en voeg toe aan uw saus.
Voeg uw pijnboompitjes, geraspte kaas en spekjes toe. Serveer direct.

Pepermunt

300gr	Poedersuiker
120gr	Gecondenseerde melk
Drupje	Munt olie

Maak van alle ingrediënten een glad en stevig deeg. Voeg uw munt olie naar smaak toe. Doorgaans erg sterk een druppeltje is al genoeg. Zorg voor eetbaar pepermunt extract of munt olie.
Rol dit deeg uit ter dikte van een pepermuntje. Steek rondjes uit.

Duw evt. een drukvormpje op uw pepermuntje of snijd uw voorletter of initialen in het muntje. Laat de muntjes een nachtje drogen.

Pesto groen

300gr	Pijnboompitten
300gr	Parmezaanse kaas
200gr	Basilicumblaadjes vers
2 teentjes	Knoflook
60gr	Olijfolie
Snufje	Peper

Rooster uw pijnboompitten lichtbruin. Rasp uw Parmezaanse kaas. Pluk uw basilicumblaadjes. Snijd uw knoflook fijn.
Breng al uw ingrediënten samen in een vijzel of keukenmachine.
Stamp en mix alles goed door elkaar.
Voeg beetje voor beetje de olijfolie toe totdat de juiste consistentie is verkregen.

Voeg naar smaak meer kaas en/of peper toe.

Pesto rood

300gr	Pijnboompitten
300gr	Parmezaanse kaas
250gr	Zongedroogde tomaten
50gr	Tomatenpuree
2 teentjes	Knoflook
60gr	Olijfolie
Snufje	Peper

Rooster uw pijnboompitten lichtbruin. Rasp uw Parmezaanse kaas. Laat uw zongedroogde tomaten uitlekken. Snijd uw knoflook fijn.
Breng al uw ingrediënten samen in een vijzel of keukenmachine.
Stamp en mix alles goed door elkaar.
Voeg beetje voor beetje de olijfolie toe totdat de juiste consistentie is verkregen.

Voeg naar smaak meer kaas en/of peper toe.

Piccalilly

500gr	Azijn
500gr	Groente ui, bloemkool, sjalot, broccoli, courgette, sperziebonen
4x 10gr	Mosterdpoeder, Gember, Kurkuma, Korianderzaad
2teentjes	Knoflook
50gr	Bloem
100gr	Suiker

Kook het azijn en suiker samen met de fijn gesneden groente en knoflook. Laat 5 min. koken.
Maak van de kruiden en bloem een papje met een klein beetje water.
Voeg toe aan uw kokend mengsel en laat indikken.
Vul met kokend water gesteriliseerde potten met uw piccalilly. Sluit af en laat op de deksel afkoelen.
Na +- 3 maanden consumeren.

Piedeeg

500gr	Bloem
175gr	Boter of reuzel
100ml	Water 45°C
10gr	Zout

Kneed uw boter door de bloem. Voeg het lauw water en het zout toe.
Kneed tot een egaal en glad deeg is ontstaan.
Laat uw deeg 30 min. afgedekt rusten.

Rol uw deeg uit en bekleed uw ingevet bakblik.

Verdere verwerking zie quiche (blz. 154).
Ook lekker om te vullen met stoofvlees (blz. 184) of met ragout (blz. 155).

Pindakaas

500gr	Pinda
10ml	Pindaolie
Snufje	Zout

Rooster uw pinda's lichtjes in de oven zodat alle smaak vrijkomt uit uw pinda's.
Plaats alle pinda's in uw keukenmachine en mix tot een smeuïge massa. Dit kan even duren.
Voeg wat pindaolie of een andere plantaardige olie toe om uw pindakaas nog smeuïger te krijgen.
Naar smaak kunt u een snufje zout toevoegen of wat stukjes pinda doorroeren.

Bewaar in een afgesloten pot.
Zeer lang houdbaar.

Ook mogelijk met bijv. amandelen, hazelnoten of cashewnoten. Of in combinatie.

Pitabroodjes

500gr	Bloem
300gr	Water 45°C
21/7gr	Gist vers/gedroogd
10gr	Zout
10gr	Olijfolie

Kneed van al uw ingrediënten een soepel en elastisch deeg (+- 15min. kneden).
Laat het deeg 30min. afgedekt rijzen.
Verdeel het deeg in bolletjes van +- 50gr.
Laat nogmaals 30min. afgedekt rijzen.
Verwarm uw oven voor op 230°C met een pizzasteen erin. Of een bakplaat.

Duw de bolletjes deeg plat en rol ze iets uit tot ongeveer 1 cm. dik.
Bak de pitabroodjes af op de steen tot ze lichtjes kleur beginnen te krijgen en gaar zijn.

Serveer met knoflooksaus (blz. 98) en shoarma.

Pizzadeeg

500gr	Bloem
275gr	Water 45°C
20gr	Olijfolie
10gr	Zout
5gr	Honing
21/7gr	Gist vers/gedroogd

Los uw gist en honing op in het water.
Voeg hier 350gr bloem aan toe. En meng het tot een slap plakkerig deeg. Dek af en laat 1 uur rusten.
Voeg de overige bloem, zout en olijfolie toe.
Kneed tot een elastisch en soepel deeg. +-15 min.
Laat uw deeg afgedekt 1 uur rusten.

Verdeel uw deeg in 4 stukken van +- 200gr en rol het op tot strakke bollen.
Laat 6/8 uur rusten op kamertemperatuur op een bebloemde ruime bakplaat en afgedekt met plastic. Of 1 nacht in de koelkast.
Duw uw deeg bol van binnen naar buiten plat. Zodat er lucht in uw rand blijft.
Beleg met tomatensaus, mozzarella en verse basilicum.

Schuif uw pizza met een pizzaschep op een pizzasteen in een voorverwarmde oven van minstens 250°C.
Bak goudbruin en krokant.

Pulled pork

1	Varkensprocureur
1 recept	Marinade varken blz. 118
Of 1 recept	Kruidenmix Mexicaans blz. 109

Kies voor een marinade of kruidenmix en smeer daar uw vlees goed mee in. Laat 1 nacht intrekken in de koelkast.

Verwarm uw oven of barbecue voor op 130°C.

Zorg voor een constante temperatuur.

Leg uw vlees op een aluminium schaal op de barbecue of in de oven. Voeg evt. in het begin in de barbecue wat rookhout of rookmot toe aan de kolen.

Laat uw vlees in 3 á 4 uur tot een kerntemperatuur komen van 70°C.

Wikkel uw vlees in een paar lagen aluminiumfolie en plaats terug op de barbecue of in de oven.

Haal bij een kerntemperatuur van 88°C uw vlees eraf (na +- 1 uur) en laat onder een paar theedoeken in het folie een uur rusten.

Haal uw vlees uit de folie en leg het in een schaal.

Voeg het kookvocht toe uit uw folie en pluk met 2 vorken het vlees uit elkaar.

Serveer op een broodje (blz. 39) met Barbecuesaus (blz. 20) en Coleslaw (blz. 52).

Quiche

1 recept	Piedeeg/Bladerdeeg blz. 149/30
500gr	Vulling Groentes/gehakt/ zalm/spekjes enz.
100gr	Room 35%
150gr	Crème fraîche
200gr	Ei
20gr	Kruidenmix Italiaans

Voor 1 springvorm van +- 30cm. en +- 6 personen.
Maak een Pie/bladerdeeg. Bekleed hiermee uw bakvorm. Leg een bakpapiertje op uw beklede bakblik en stort uw blik vol met bakbonen. Bak uw deeg lichtbruin en gaar ('blind' bakken). Verwijder de bakbonen.
Of vries uw bakblik met deeg in en bak direct vanuit de vriezer zonder vulling in een oven van 170°C

Snijd uw groente en bak evt. uw spekjes krokant en rul uw gehakt gaar.
Meng uw room, ei, crème fraîche en kruidenmix met een garde door elkaar. Vul uw voorgebakken deeg met vulling. Giet uw room/ei mengsel hier overheen en bedek de bovenkant met geraspte kaas.
Liefst smeltkaas zoals Cheddar of Gruyère.
Bak uw quiche tot uw kaas gesmolten is, de vulling gaar en het ei gestold is. +- 4 min. Prik evt. met een satéprikker erin om de gaarheid te testen.

Ragout

1000gr	Bouillon blz. 35, 36, 37
100gr	Roux blz. 153
500gr	Vulling
	Kip gegaard in de bouillon
	Rund gegaard in de bouillon
	Champignons
50gr	Verse tuinkruiden
50gr	Room 35%
20gr	Mosterd blz. 132
	Peper & Zout

Bak/ gaar uw vulling. Pluk het vlees uit elkaar.
Maak een roux zoals beschreven op blz. 162.
Voeg beetje voor beetje de bouillon toe.
Tot de juiste dikte is verkregen +- 1 liter bouillon.
Afhankelijk van uw eigen voorkeur qua dikte.
Roer de vulling door de ragout.
Roer de room, mosterd, gehakte verse tuinkruiden en peper & zout erdoor.

Serveer warm met een pasteitje.

Ravigotesaus

50gr	Olijfolie
12gr	Azijn
12gr	Kappertjes
1	Sjalot
20gr	Verse tuinkruiden Dille, peterselie, dragon, bieslook
	Peper & Zout

De klassieke Franse saucé Ravigote is een vinaigrette met een fijngesneden sjalot, kappertjes en verse tuinkruiden. Doorgaans geserveerd bij bladsalades.
Maak hiervoor een dressing vinaigrette (blz. 62).
Voeg hieraan de overige ingrediënten toe.

Voor het bekende sausje voor bij de kibbeling zie remoulade (blz. 157).

Remoulade

100gr	Mayonaise blz. 127
25gr	Crème fraîche
25gr	Mosterd blz. 132
1	Sjalot
2	Augurken
10gr	Kappertjes
½	Citroen
12gr	Verse tuinkruiden Platte peterselie, dragon, bieslook, dille

Meng de mayonaise, mosterd en crème fraîche door elkaar.
Voeg hier de fijngesneden sjalot en augurken aan toe. Plus het sap van een halve citroen, de fijn gesneden verse tuinkruiden en de kappertjes.

Meng goed door elkaar.
Doorgaans geserveerd bij gebakken vis.

Rijstepap

1liter	Melk
200gr	Dessertrijst
50gr	Suiker
Evt.	Kaneel of Vanille

Breng in een ruime pan uw melk met de dessertrijst aan de kook.
Voeg de suiker en evt. kaneel of het merg van een vanillestokje toe.
Kook de rijst op laag vuur in +- 10 min. gaar.
Roer regelmatig het heeft de neiging aan te bakken.
Voeg naar wens een scheutje extra melk toe wanneer uw pap te dik is geworden.

Voor rijstevlaai gebruik ½ recept en spatel ¼ recept rauw schuim (blz. 172) voorzichtig door uw pap als deze is afgekoeld. Gebruik vervolgens als vulling in uw vlaaideeg (blz. 195).

Risotto

1000gr	Bouillon kip blz. 37
330gr	Risottorijst
50gr	Boter
75gr	Wijn wit
100gr	Parmezaanse kaas
1	Ui
100gr	Ham-blokjes
100gr	Paddenstoelen
50gr	Doperwtjes

Fruit de gesnipperde ui aan in een grote pan. Bak de paddenstoelen en ham-blokjes mee. Voeg de rijst toe en blus alles af met de witte wijn. Als deze is opgenomen voeg je per lepel de bouillon toe. Roer af en toe tot de rijst alles opgenomen heeft en voeg dan nog een beetje toe (de rijst is gaar wanneer het geen vocht meer opneemt). Totdat de juiste dikte is verkregen. Maak de risotto iets vloeibaarder als dat u hem zou willen eten. Dan is hij bij de tijd dat u hem op het bord heeft perfect. Kook als laatste kort de doperwtjes mee. Rasp de Parmezaanse kaas en roer deze door de risotto.

Roomijs

500gr	Room 35%
500gr	Melk
300gr	Suiker
200gr	Eidooier
1	Vanillestokje

Breng uw melk en room in een zeer ruime pan aan de kook met het merg van het vanillestokje.
Klop uw eidooier en suiker stevig door elkaar.
Giet 2/3 van uw kokende room op het eidooier/suikermengsel.
Roer eventjes door en giet terug in uw pan.
Laat uw eidooiers garen. Roer tot het iets indikt. Ong. 87°C. Laat het mengsel niet warmer worden dan gaat het klonteren.
Meet evt. uw suikergehalte met een refractometer. Dit hoort 28%brix te zijn.
Is dit te laag, dan zal uw ijs te hard worden, voeg blanke suikersiroop toe.
Is dit te hoog, dan zal uw ijs te zacht worden, voeg water toe.
Draai na afkoelen uw ijs af in uw ijsmachine.
Ook te maken met toevoeging van fruitpuree, kruiden en specerijen. Houd hierbij altijd uw suikergehalte in de gaten.

Rosbief

1kg	Mager rundvlees Achtermuis, staartstuk, bloemstuk
6 teentjes	Knoflook
50gr	Mosterd
40gr	Zwarte peper
	Zout

Wrijf uw vlees in met de fijngesneden knoflook, mosterd, peper en zout.
Verpak in plastic en laat 1 nacht in de koelkast de smaken intrekken.
Schroei het vlees in een hete pan met olie langs alle kanten dicht. Er mag wat kleur op zitten.
Bak uw vlees in een oven of barbecue van 150°C. +- 45 min.
Wanneer uw vlees een kerntemperatuur van 50 graden heeft bereikt is uw rosbief perfect rosé.

Laat 1 uur rusten onder aluminiumfolie voordat u het met een scherp mes in zo dun mogelijke plakjes snijdt.

Roux

50gr Boter
50gr Bloem

Smelt uw boter in een ruime pan.
Voeg de bloem toe. Roer goed tot er deeg klontjes ontstaan laat deze heel eventjes garen.
Voeg uw bouillon toe voor soepen/sauzen of uw melk voor een bechamelsaus (blz. 25).
Gebruik voor extra smaak aan donkere soepen en sauzen een bruine roux.
Laat hiervoor de boter iets bruin worden voordat u de bloem toevoegt.
Gebruik voor blanke soepen en sauzen een blanke roux.
Richtlijn hoeveelheid op 1 liter vocht:

100gr roux = Soep
150gr roux = Saus
200gr roux = Ragout
300gr roux = Kroket

Sabayon

200gr	Bier of wijn of 100gr Likeur
100gr	Eidooier
100gr	Suiker

Klop op laag vuur in een ruime pan al uw ingrediënten luchtig en gaar. Dit kan eventjes duren.
Haast dit niet op hoog vuur.
Laat het langzaam al kloppend garen op laag vuur.
Zodra het iets indikt en max. 87 graden is. Is uw sabayon klaar.
Haal dan meteen uw sabayon van het vuur.
Serveer warm als luchtige saus.
Om koud te serveren voeg 1 blaadje geweekte gelatine toe aan uw warme sabayon en giet in een vorm of glaasje.

Sambal Oelek

20	Peper rood
30gr	Zout

Maal in een vijzel of keukenmachine uw pepers samen met het zout fijn.
Er ontstaat een grove dikke saus.
Bewaar in de koelkast in een schone pot.

Gebruik als toevoeging aan Indonesische gerechten zoals nasi, bami enz.

Sangria

500ml	Sinaasappelsap
1liter	Rode wijn
100ml	Creme de cassis
100ml	Sinaasappellikeur
2	Citroenen
1	Sinaasappel
1	Appel Granny Smith
1	Limoen

Snijd uw fruit in partjes en knijp het citrusfruit uit boven een grote kan.
Voeg uw drank en sap toe. Roer alles goed door elkaar.
Vul uw kan aan met ijsklontjes en serveer ijskoud.

Satésaus

500gr	Kokosmelk
250gr	Pindakaas
50gr	Kruidenmix Aziatisch blz. 105

Bak uw kruidenmix aan in wat olie.
Voeg de kokosmelk toe en los hier uw pindakaas in op.

In plaats van de kruidenmix kunt u ook naar eigen smaak ui en knoflook, sambal, ketjap, en evt. voor een wat zoetere variant bruine suiker en ketchup toevoegen.

Sauce Americain

200gr	Mayonaise van olijfolie blz. 127
50gr	Tomatenpuree blikje
20gr	Verse tuinkruiden Dragon, dille, bieslook, peterselie
10gr	Cognac
10gr	Wijn wit
2gr	Tabasco

Hak uw tuinkruiden fijn. Roer alles door elkaar.

Te gebruiken voor het maken van verse filet americain.
Ook vaak geserveerd bij schaal en schelpdieren.
Zoals kreeft/krab (blz. 101).

Saucijzenbroodjes

20 plakjes	Bladerdeeg blz. 28
600gr	Gehakt ½ om ½
300gr	Soezenbeslag blz. 171
10gr	Sambal blz. 157
20gr	Maggi
20gr	Mosterd blz. 132
20gr	Worcestershire saus
	Peper & Zout

Maak een recept soezenbeslag zoals beschreven op blz. 171.
Roer uw smaakmakers door het beslag.
Meng uw soezenbeslag met het gehakt.
Rol uw bladerdeeg uit op 2mm en snijd stukken van 12/12cm. Of laat uw kant en klare plakjes ontdooien.
Vul een spuitzak met uw gehakt en spuit een baan gehakt in het midden van uw plakje.
Maak het plakje iets vochtig met een kwastje en vouw dicht. Leg uw broodjes op een bakplaat met papier en bestrijk met ei. Prik met een vork 2 keer op de rand. Om open bakken te voorkomen.
Bak uw saucijzenbroodjes op 180°C in +- 25 min. goudbruin.

Saus gebonden

150gr	Roux bruin blz. 162
1000ml	Bouillon naar keuze

Bak een gesnipperd uitje en teentje knoflook glazig. Maak hierbij een roux zoals beschreven op blz. 162.
Voeg beetje voor beetje de bouillon toe tot de juiste dikte is verkregen.

Voor pepersaus voeg wat hele peperkorrels, lepeltje mosterd, scheutje cognac en wat vers gemalen peper toe.

Voor champignonsaus voeg gebakken champignons, mosterd, vers gehakte peterselie en peper en zout toe.

Of maak naar eigen smaak en perfect passend bij uw gerecht een saus met een of meerdere van de vele specerijen, kruiden en condimenten die u voorhanden heeft.

Schnitzel Wiener art

1	Mager kalfs-/kip-/varkensvlees
	Peper & Zout
200gr	Paneermeel
1	Ei
100gr	Bloem

Sla uw plakjes vlees tussen plastic plat met een pan of vleeshamer.
Bestrooi het vlees met peper en zout.
Wentel achtereenvolgens in de bloem, ei en het paneermeel.

Bak uw Schnitzel 'Wiener art' af in een pan met een ruim laagje olie. Zo brandt het niet aan en wordt het een soort van frituren.

Serveer met versgebakken friet (blz. 73) en een schijfje citroen. Of met aardappelsalade (blz. 5).

Schuim Kookmethode

100gr	Eiwit
300gr	Suiker
66gr	Water

Breng 200gr suiker aan de kook met 1/3 van het gewicht aan water. In dit geval 66gr water.
Laat het suikermengsel koken tot 117°C.
Klop ondertussen het eiwit en de overgebleven 100gr aan suiker op in de keukenmachine.
Giet de kokende suiker al kloppend in een straal op de eiwitten.
Laat volledig opkloppen op de hoogste stand tot het eiwit ver is afgekoeld en het schuim stevig is. Laat nog +- 1 min. draaien op de laagste stand om de luchtbellen goed te verdelen.
Spuit toefjes of een ring voor taart of gebak.
Voeg evt. wat smaakstof toe zoals noten, specerijen of een opgelost zakje oploskoffie (mokka).
Bak af in een oven van 150°C (+- 30 min.)
voor schuim met een taaie afbeet.
Voor schuim dat volledig gedroogd en stevig wenst te zijn. Bak het 10 min. op 150°C en zet daarna de oven uit en laat uw schuim 1 nacht drogen.
Of te gebruiken als afwerking voor taart of dessert.
Voeg evt. 2 blaadjes geweekte gelatine toe wanneer het schuim nog warm is tijdens het opkloppen voor marsmellows of negerzoenen.

Schuim Rauw

100gr	Eiwit
300gr	Suiker

Klop uw eiwit op en giet in kleine stappen 2/3 van de suiker tijdens het kloppen bij uw eiwit. Als uw schuim volledig is opgeklopt spatelt u de overige suiker voorzichtig erdoorheen.
Voeg evt. een eetlepel bloem of maïzena toe om extra krokant schuim te krijgen. Met toevoeging van bloem of maïzena wordt het ook wel progrés genoemd.
Spatel evt. ook gebrande noten, specerijen, citroenrasp of mokka-aroma door.

Spuit uw schuim op een bakplaat met papier in rondjes voor taart of gebak of maak toefjes.

Bak +- 1 uur op 150°C.

Check voorzichtig of uw schuim loslaat van het papier laat het anders nog langer drogen terwijl de oven uitstaat.

Sloffendeeg

250gr	Bloem
200gr	Boter
200gr	Basterdsuiker wit
25gr	Ei
8gr	Bakpoeder
½	Citroen
2gr	Zout

Laat al uw ingrediënten op kamertemperatuur komen.
Meng uw boter, basterdsuiker en ei goed door elkaar.
Voeg uw bloem, rasp van de citroen, zout en het bakpoeder toe.
Meng tot een samenhangend deeg.
Laat eventjes opstijven in de koelkast.
Rol uw deeg uit op 1 cm dikte.
Steek met een taartring of slof uw deeg uit.
Spuit +- 100gr banketbakkersroom (blz. 19) of amandelspijs (blz. 7) (met 10gr water afslappen) op uw deeg 1 cm van de rand.
Bak uw slof goudbruin en krokant af in een voorverwarmde oven van 170°C.
Traditioneel afgewerkt met banketbakkersroom en verse aardbeien.

Soep gebonden

1000gr Bouillon blz. 35,36,37
100gr Roux blz. 162

Maak een roux volgens het recept op blz. 158. Afhankelijk van uw soep een blanke of bruine roux.
Schep hier lepel voor lepel de bouillon bij.
Voeg naar eigen smaak kruiden, specerijen, groentes of condimenten toe.

Voor bijv. een mosterdsoep:
Fruit een uitje aan in de boter, voeg de bloem toe en maak een roux. Voeg kippenbouillon en een paar eetlepels mosterd toe.
Serveer in een diep bord met een plakje gerookte zalm en een lepeltje crème fraîche.

Voor bijv. een champignonsoep:
Fruit ui en knoflook aan in de boter voeg de bloem toe en maak een roux. Vul aan met bouillon, gebakken champignons of paddenstoelen en een scheutje room.

Soep gepureerd

500gr	Groente
500gr	Bouillon blz. 35,36,37

Breng uw bouillon aan de kook. Vers of van een bouillonblokje.
Was/snijdt uw groente en voeg toe aan de bouillon. Laat uw soep koken tot de groente gaar is. Of Grill uw groente gaar op de grillstand van uw oven voor een extra grillsmaak. Verwijder verbrande schillen enz. Voeg evt. kruiden/specerijen toe.
Pureer met de staafmixer uw soep glad.
Serveer warm met evt. een scheutje room of een garnituur zoals blokjes gegaarde groente.

Enkele suggesties:

- Bloemkool/kippenbouillon/peterselie/tijm/laurier/uitgebakken spek
- Rode biet/runderbouillon/bieslook /crème fraîche
- Pompoen/groentebouillon/ras el hanout/kokosmelk

Soep Helder

1000gr	Bouillon blz. 35,36,37
500gr	Groente
	Prei, bleekselderij, ui, wortel enz.
50gr	Vermicelli
150gr	Gehakt half/half
Bosje	Peterselie

Snijd uw groente fijn. Maak gehaktballetjes van +- 2cm maak evt. aan volgens het recept op blz. 77.
Voeg evt. uw soepvlees toe dat u over heeft van het trekken van de bouillon.
Laat uw groente, balletjes, vermicelli en gehakte peterselie kort meekoken.
Serveer met een soepstengel of stukje brood

Voor uiensoep, bak 5 uien aan in een ruime pan, blus af met een scheut witte wijn, voeg tijm en 1 liter bouillon toe en laat eventjes trekken. Leg een stukje brood met kaas in het midden van uw soepkom en laat smelten onder de grill of in de oven. Serveer direct.

Soesjes

150gr	Water/Melk of 50/50
75gr	Boter
75gr	Bloem gezeefd
150gr	Ei
2gr	Zout

Breng uw water/melk met de boter aan de kook. Meer melk = meer smaak, meer water = langer in te vriezen. Roer hier in 1 keer de bloem doorheen. Laat bakken tot een glanzende deegbal ontstaat.
Haal het kookdeeg uit de pan en roer er de eieren en het zout doorheen.
Afhankelijk van de bindkracht van uw bloem voegt u ietsje meer of minder ei toe. Het beslag moet net van uw spatel afglijden.

Spuit gladde doppen beslag op een bakplaat met bakpapier. Spuit met een plantenspuit de soesjes vochtig zodat ze in de oven niet direct een korst ontstaat en ze goed de kans krijgen om te rijzen.
Bak uw soesjes in een voorverwarmde oven van 260°C. Draai uw oven meteen terug naar 210°C.
Laat dicht voor 15 à 20 min. Laat hierna de stoom eruit.
Zodra de scheuren kleuren zijn uw soesjes klaar na nog eens +- 5 min.

Sorbetijs

250gr	Suiker
250gr	Water
500gr	Fruit-/groentepuree

Maak van de suiker en het water een siroop door aan de kook te brengen zodat alle suiker is opgelost. Laat afkoelen.
Was, schil, pers of pureer uw fruit of groente tot een gladde puree.
Meng met de suikersiroop.

Meet evt. uw suikergehalte met een refractometer.
Dit hoort 26%brix te zijn.
Dit is afhankelijk van de aanwezige suikers in uw fruit/groente.
Is dit te laag, dan zal uw ijs te hard worden, voeg blanke suikersiroop toe.
Is dit te hoog, dan zal uw ijs te zacht worden, voeg water toe.
Met fruit zoals aardbei en mango zit u met dit recept redelijk in de buurt.
Draai uw ijs af in een ijsmachine.

Soufflé

1 recept	Banketbakkersroom
100gr	Eiwit
100gr	Suiker

Maak een banketbakkersroom volgens het recept op blz. 19. Laat afkoelen op kamertemperatuur. Klop uw eiwitten op samen met de suiker. Spatel voorzichtig de eiwitten onder de banketbakkersroom. Eerst een klein beetje en daarna de rest (familie maken).

Vul beboterde soufflebakjes met uw soufflé. Maak de randjes goed schoon zodat bij het rijzen in de oven uw soufflé niet blijft 'hangen'.

Vervang voor kaassoufflé de banketbakkersroom voor kaassaus (blz. 89).

Spareribs

4	Spareribs
1 recept	Marinade varken blz. 123
1 recept	Vleesglazuur blz. 196

Verwijder evt. het vlies aan de binnenzijde van uw spareribs indien dit nog niet gedaan is. Marineer uw spareribs en laat 1 nacht intrekken. Gaar uw spareribs in de marinade 3 uur op 120°C in oven of barbecue. Voeg in uw barbecue evt. wat rookhout toe aan de kolen.

Wikkel uw spareribs in aluminiumfolie en gaar nog eens 2 uur op nog steeds 120°C.

Stook hierna uw barbecue of oven op tot 200°C.
Haal uw spareribs uit de folie en smeer ze in met het vleesglazuur (blz. 196).
Bak uw vlees kort voor een krokant korstje.
Laat 1 uur afgedekt rusten.

Speculaas

500gr	Bloem
300gr	Basterdsuiker bruin
250gr	Boter
30gr	Karnemelk
50gr	Ei
20gr	Kruidenmix speculaas blz. 111
10gr	Bakpoeder
2gr	Zout

Meng uw boter, basterd, karnemelk en ei tot uw geen klonten boter meer hebt.
Voeg de bloem, kruidenmix, bakpoeder en zout toe.
Meng tot een egaal deeg.

Rol uw speculaas uit op 1 cm dik en snijd er grote stukken van voor brokken speculaas.

Rol uw speculaas uit en duw het deeg in een bebloemde speculaasplank. Snijd het overige deeg voorzichtig weg en tik uw plank leeg op een bakplaat.
Bak uw speculaasjes op 170°C +- 15min.
En uw brokken op 150°C +- 20min.

Sprits

200gr	Bloem
150gr	Boter
50gr	Basterdsuiker
50gr	Suiker
1gr	Zout
½	Citroen

Meng uw boter en de suikers samen met het zout en de rasp van een ½ citroen.
Verwarm met een föhn uw losse kom of keukenmachine tijdens het mixen.
De boter smelt iets en wordt een zachte massa.
Voeg de bloem toe.

Spuit met een kartelspuitje rozetjes of banen op een met bakpapier beklede bakplaat.
Bak uw spritsjes tot de randen goudbruin kleuren in een voorverwarmde oven van 170°C.
+- 12 min.

Stoofpeer

5	Stoofperen
300ml	Rode wijn/rode druivensap
300ml	Water
100gr	Suiker
1	Kaneelstokje
1	Steranijs
2	Kruidnagels

Schil uw peren tot net onder het steeltje. Verwijder van onderuit het klokhuis. Probeer hierbij zoveel mogelijk de peer in zijn geheel te laten. Gebruik hier bij voorkeur een klein parisienne boortje voor. Of laat het klokhuis erin.
Breng alles aan de kook en laat op laag vuur uw peren zachtjes gaar stoven. 1 à 1,5 uur.
Verwijder de peren en kook het sap in tot 1/3 bij druivensap is dit niet nodig. Verwarm bij gebruik de peren terug in het sap.
Serveer warm met een bolletje vanille-ijs.

De rode wijn is te vervangen voor witte wijn, blue curaçao, licör 43 of pisang ambon. Uw peer zal de bijbehorende kleur/smaak overnemen.

Stoofvlees

500gr	Mager rundvlees
330ml	Bier donker
250gr	Fond Rund blz. 37
3	Uien
½ recept	Marinade Rund blz. 122

Bak uw uien aan in de marinade.
Voeg het vlees in blokjes toe. Bak het langs alle kanten aan. Voeg nu direct een eetlepel bloem toe of voeg aan het einde een plak peperkoek toe om uw stoofvlees iets te binden.
Met de peperkoek zal het iets zoeter worden.

Blus alles af met het bier en de fond.
Ga met een spatel over de bodem om alle aanbakresten los te weken.
Laat op laag vuur langzaam gaar stoven. Evt. in de oven op 150°C. +- 2,5 uur.
Als het uit elkaar valt is uw stoofvlees goed.

Tiramisu

400gr	Mascarpone
125gr	Room 35%
75gr	Eidooier
75gr	Suiker
100ml	Amaretto
1 zakje	Espressopoeder
20	Lange vingers
	Cacaopoeder

Klop de eidooiers met de suiker luchtig.
Laat de lange vingers de Amaretto eventjes opnemen en leg een laagje onder in een ovenschaal.
Los het espressopoeder op in een klein beetje warm water.
Spatel de ongeslagen room en espresso door de mascarpone klop evt. uw mengsel vervolgens luchtig indien u een luchtigere tiramisu verlangt.
Spatel het ei voorzichtig onder de mascarpone en vul hiermee uw ovenschaal.
Dek af met een riante laag cacaopoeder.

Stroopwafels

250gr	Bloem
150gr	Boter
7/21gr	Gist gedroogd/vers
80gr	Basterdsuiker
50gr	Ei
25gr	Melk
2gr	Zout
1 recept	Karamel blz. 91 met 30gr Boter en 2gr kaneel

Verwarm uw melk en los hier uw gist in op.
Kneed de boter en basterdsuiker samen met de melk tot een gladde pasta. Voeg de bloem en het zout toe.
Laat uw deeg minstens 1 uur rusten.
Maak een karamel volgens het recept op blz. 91 voeg als uw suiker tot karamel gebrand is de boter en het kaneel toe.
Laat afkoelen tot 50°C.
Verdeel uw deeg in 12 balletjes. Bak uw deeg in een stroopwafelijzer in +- 4 min goudbruin.
Snijd uw wafel doormidden en smeer uw warme karamel tussen de helften.
Plak uw helften terug tegen elkaar en serveer direct.

Tartelettes

250gr	Bloem
100gr	Boter
50gr	Ei
38gr	Amandelpoeder
3gr	Zout

Meng alle drogen ingrediënten goed door elkaar.
Voeg de boter en het ei toe en kneed tot een soepel en egaal deeg.
Rol uit tot 2 mm dikte en laat in de koelkast stevig worden.
Smeer 1 grote (+- 20cm) of 5 kleine (+- 7cm) taartringen in met boter en plaats deze op een bakplaat met bakpapier.
Snijd van uw afgekoelde deeg banen van 2,5 cm. breed. Zet deze rechtop in uw taartring.
Steek van uw deeg een ronde plak uit die precies binnen uw deeg en taartring in past.

Prik wat gaatjes met een vork onderin uw tartelettes. Bak uw tartelettes in +- 12 min. goudbruin en krokant in een oven van 170°C.

Tonijnsalade

150gr	Tonijn uit blik
1	Ui rood
3	Augurken
20gr	Yoghurt
20gr	Mayonaise blz. 127
½	Appel Jonagold
½	Citroen
Bosje	Dille, bieslook

Laat uw tonijn uitlekken. Snijd uw ui, augurken, verse kruiden en appel fijn.
Pers het sap uit de halve citroen.
Meng alles goed onder elkaar.

Breng op smaak met peper & zout.

Serveer met brood of toast.

Tortilla Mexicaans

300gr	Voorgekookt maismeel
360gr	Water 45°C
5gr	Zout

Meng alles door elkaar en kneed tot een soepel deeg. Laat het deeg 5 min. rusten.

Verdeel in bolletjes en rol tussen 2 plastic velletjes uit tot een ronde plak. Of gebruik een tortillapers.

Verwijder het plastic en bak uw tortilla in een hete pan.
Bak in 5 min goudbruin, halverwege 1 keer keren.

Tzatziki

1	Komkommer
2 teentjes	Knoflook
250gr	Yoghurt Grieks
½	Citroen
1 bosje	Munt, dille, bieslook
Scheutje	Olijfolie

Snijd uw komkommer en verse kruiden zeer fijn. Pers de knoflook of snijd fijn en duw/wrijf tot pasta met de zijkant van uw mes. Grove stukjes knoflook is niet gewenst in uw tzatziki. Pers het sap uit de ½ citroen.
Roer alles onder de yoghurt.
Zet een vergiet of zeef in een schaal en leg hier een kaasdoek of schone theedoek in.
Giet hier uw tzatziki in. Laat 1 nacht uitlekken (een soort Griekse hangop).
Serveer met een scheutje olijfolie en versgebakken brood of toast.

Vanillesaus

500gr	Melk
100gr	Eidooier
50gr	Suiker
1	Vanillestokje

Schraap het vanillestokje leeg. Voeg het bij de volle melk in een ruime pan en breng het aan de kook.
Klop de suiker en eidooiers los in een aparte ruime kom.
Wanneer uw melk kookt giet 2/3de op het eimengsel. Roer het goed door en giet het terug in de kookpan.
Breng het mengsel onder voortdurend roeren tot 87°C.
De eidooiers stollen, de saus dikt in.
Laat het mengsel niet koken! Dan gaat de saus klonteren.

Giet wanneer het ingedikt is meteen in een koude kom om doorkoken te voorkomen. En dek het af om een vel te voorkomen.

Vis pekelen

300gr	Basterdsuiker bruin
40gr	Zout
1	Citroen
1 bosje	Dille

Voordat u vis gaat roken zal deze eerst gepekeld moeten worden. Een simpele manier is door deze droog te pekelen.
Uitgaande van 1 zalmzijde.
Bestrooi uw schoongemaakte zalmzijde rijkelijk met het zout pers de citroen uit en snijd uw dille fijn. Of gebruik naar smaak uw eigen verse kruidenmengsel.
Wrijf alles goed in de vis.
Dek de vis af met een dikke laag bruine basterdsuiker. Laat 1 nacht rusten in de koelkast.
Een kleinere vis mag wat korter.
Spoel hierna uw vis af onder de kraan en dep goed droog.
Uw vis is nu klaar om te gaan roken.

Vis roken koud

1	Gepekelde vis
1	Rookoven of barbecue met temperatuurmeter
	Rookmot, Houtsnippers

Voor koud roken is het belangrijk dat uw temperatuur niet boven de 30°C uitkomt.
Hiervoor is het beste dat u indirect een vuurtje stookt en dit door uw barbecue of rookoven laat gaan.
Zogenaamde smokers zijn in de handel verkrijgbaar.
Stook indirect een klein vuurtje of zorg voor een paar brandende briketten of kooltjes. Bedek deze met houtsnippers en rookmot.
Er ontstaat een grote hoeveelheid rook.
Nu is het taak door te spelen met de luchtschuiven om voldoende rook in de rookkamer te houden, uw vuurtje aan te houden en te laten roken en de temperatuur tussen 25-30°C te houden.
Afhankelijk van uw smaak en de dikte van de vis tussen de 6-12 uur. 1 zalmzijde was na 7 uur goed in mijn oven.
Proef tussendoor een klein stukje of uw vis voldoende rooksmaak heeft.
Snijd los van het vel en in dunne plakjes.

Vis roken warm

1 Gepekelde vis

1 Rookoven of barbecue met temperatuurmeter

Rookmot, Houtsnippers

Bij warm roken wordt uw vis in tegenstelling tot koud roken eveneens gegaard.
Hierdoor is het kort houdbaar.
Stook uw barbecue of rookoven zachtjes op tot ongeveer 65 à 75°C.
Leg uw vis in de barbecue. Voeg rookmot en houtsnippers toe zodat er flink wat rook ontstaat.
Houd de temperatuur en hoeveelheid rook stabiel. Door te 'spelen' met uw vuur en luchtschuiven. Afhankelijk van uw smaak blijf je rook toevoegen.
Na +- 1 uur is 1 zalmzijde gegaard.
Trek bij een volledige vis aan de rugvin wanneer deze gemakkelijk loskomt is uw vis gaar. Serveer direct warm.
Of serveer gekoeld bij een stukje brood.

Vlaai

500gr	Bloem
24/8gr	Gist vers/gedroogd
250gr	Melk 45°C
50gr	Boter
50gr	Ei
50gr	Suiker
10gr	Zout

Voor 2 grote vlaaien +- 30cm.
Maak van alle ingrediënten een soepel deeg.
Kneed dit 5 min.
Dit hoeft niet volledig afgekneed te worden.
Verdeel uw deeg in 2 stukken. Als u rasters wilt maken verdeel het in 3 stukken en houd 1 stuk apart.
Laat uw deeg afgedekt +- 45 min. rijzen.
Rol uw deeg uit tot ronde plakken en bekleed hier uw 2 ingevette vlaaipannen mee. Vul uw vlaaien met 500gr fruitgelei (blz. 74) of ½ recept rijstepap (blz. 158).
Rol evt. voor het raster uw laatste stuk deeg uit en rol eroverheen met een rasterroller. Vouw het uit tot een raster over uw vlaai. Snij langs de randen uw overtollige deeg af. Laat uw vlaai nog +- 20 min. rijzen.
Bak vervolgens uw vlaaien af in een oven van 220°C.
+- 30 min.

Vleesglazuur

100gr	Honing
50gr	Mosterd grof blz. 132
50gr	Olijfolie

Meng alle ingrediënten goed met elkaar.
Smeer met een kwastje uw beenham (blz 26), spareribs (blz. 180) of buikspek (blz. 44) in met uw vleesglazuur.
Bak op hoge temperatuur onder grill of op de barbecue tot een krokant korstje.

Honing evt. te vervangen voor bruine suiker.
Voeg evt. naar eigen smaak extra kruiden, specerijen of condimenten toe.

Vleessalade

½ recept	Stoofvlees blz. 184 Of 200gr ham-reepjes
5	Augurken
30gr	Mayonaise blz. 127
20gr	Mosterd blz. 132
20gr	Yoghurt

Laat uw stoofvlees uitlekken zodat u enkel de vaste delen heeft.
Of bak uw ham-reepjes een beetje krokant in wat olie.
Hak de augurken fijn.
Meng alles onder elkaar.

Serveer als broodbeleg of bij de borrel op toast of brood.

Wafels

125gr	Bloem
125gr	Melk
25gr	Boter
30gr	Suiker
3gr	Bakpoeder
1	Ei

Smelt uw boter. Zeef uw bloem.
Meng al uw ingrediënten met een garde en passeer door een zeef zodat evt. klontjes uit uw beslag zijn.
Warm uw wafelijzer op en smeer in met een theelepel olie.
Schep in het midden 1 sauslepel beslag.
Sluit uw wafelijzer en laat bakken. +- 5 min.
Wanneer er wat stoom vanaf komt en uw wafel vanzelf loslaat bij het openen is uw wafel klaar.
Smeer het ijzer tussentijds steeds in met een beetje olie.
Serveer met slagroom, een bolletje vanille-ijs en verse aardbeien.

Wecken / inmaken

1000gr	Azijn
250gr	Suiker
Evt.	Inmaakkruiden
	Verse augurken

Kook voor het inmaken van zoetzure augurken de azijn met de suiker. Tot de suiker is opgelost.
Wilt u graag zure augurken dan voegt u geen suiker toe.
Voeg tijdens het koken ook evt. de inmaakkruiden toe.
Voor augurken en andere groente is dit 2gr dillezaad, venkelzaad, jeneverbes en zwarte peper. 5gr mosterdzaad, 2 laurierblaadjes en 2 kruidnagels. Evt. een gedroogd pepertje.
Giet de warme azijn op de groente in met kokend water gesteriliseerde oude jampotten of weckpotten. Draai de deksel er meteen op en laat op zijn kop afkoelen.
Voor inmaken gebruikt men minimaal 19% conserveermiddel per recept. Dit kan in dit geval azijn zijn maar mag ook zout of suiker zijn in water. Los hiervoor het zout op in het water door het aan de kook te brengen en bewaar uw vlees, vis of groente in gesteriliseerde weckpotten.

Wentelteefjes

100gr	Melk
1	Ei
50gr	Suiker
2gr	Kaneel
5sneetjes	Oud brood

Klop de melk, ei en de helft van de suiker door elkaar. Dip uw sneetjes brood in het eimengsel. Bak in boter aan beide kanten goudbruin in een koekenpan.

Serveer met de overige suiker vermengd met de kaneel of vanillesuiker.

Gebruik het liefst witbrood met de korstjes eraf gesneden.

Worst

375gr	Mager varkensvlees hamlapjes, varkenshaas
125gr	Vet varkensvlees spek ongezouten
12gr	Nitrietzout
2meter	Varkensdarmen
Evt.	Kruiden, specerijen, noten, condimenten, ui of knoflook

Zorg dat uw vlees en gereedschap ijskoud is maar niet bevroren. Draai gehakt van uw vlees. Werk onder alle omstandigheden zeer proper!
Meng hier het zout en evt. kruiden en specerijen +- 20gr onder. Duw uw gehakt in een koude worstpomp.
Aan de tuit doet u de varkensdarmen. Draai stevige worsten zonder luchtbellen.
Bak uw worsten op de grill als verse worst.
Voor rookworst gebruikt u dezelfde werkwijze zoals beschreven bij Vis roken warm op blz. 191.
Voor droge worst hang uw worsten op een plek waar het stabiel 15 à 20°C is en 75% luchtvochtigheid. Met enige tocht zodat het overtollige vocht weg kan. Door het nitrietzout zouden verkeerde bacteriën geen kans moeten krijgen.
Voor bijv. Fuet is een startercultuur vereist. Die zijn in de handel verkrijgbaar. Meng deze door uw gehakt.

Worstenbrood Brabants

1 recept	Brood zacht blz. 41
500gr	Varkensgehakt Aangemaakt volgens recept gehaktbal blz. 77

Verdeel uw deeg na het kneden en het rijzen in bolvorm in stukjes van +- 50gr. Bol deze stukjes op en laat nogmaals +- 30 min. rijzen.
Verdeel uw gehakt in stukjes van +- 50gr en rol tot worstjes. Laat even afkoelen in de koelkast.

Duw uw deegstukje plat en leg uw worstje erin. Vouw de punt van het deeg over de punt van uw worstje. Doe hetzelfde aan de andere punt.
Vouw nu beide zijkanten naar elkaar toe en knijp goed dicht.

Rol 2 keer op een stukje aanrecht met bloem zodat een strak worstenbroodje van +- 15cm ontstaat.
Leg uw worstenbroodjes op een bakplaat en bestrijk met ei.
Laat op een tochtvrije plek rijzen +-45 min. Bak uw worstenbroodjes op 210°C in +-8 min goudbruin.

Zuurkool

1000gr	Kool wit, spits-, rood enz.
25gr	Zout zonder jodium
Evt.	Mosterdzaad, jeneverbes, karwijzaad

Verwijder de buitenste koolbladeren en bewaar deze. Rasp of snijd uw kool in zeer fijne reepjes evt. met mandoline of keukenmachine.
Hoe fijner hoe lekkerder mondgevoel u uiteindelijk overhoudt. Dikke stukken worden taai.
Voeg uw zout toe en stamp, sla en knijp net zolang totdat uw kool onder water staat in zijn eigen sap.
Dit kan lang duren laat evt. het zout vocht onttrekken aan de kool en stamp een paar uur later weer verder.
De kool zal gaan drijven duw uw buitenste koolblad bovenop om dit te voorkomen.
Laat 2 à 3 weken staan op kamertemperatuur totdat uw zuurkool goed qua smaak is. In een pot of emmer liefst met waterslot

1. Aardappel uit de oven
2. Aardappelgratin
3. Aardappelkroketjes
4. Aardappelpuree
5. Aardappelsalade
6. Aioli
7. Amandelspijs
8. Amarena kersen
9. Appelbeignets
10. Appelbol
11. Appelflap
12. Appelmoes
13. Appelstroop
14. Appeltaart
15. Aspergesoep
16. Baba Ganoush
17. Bagel
18. Bami/nasischijf
19. Banketbakkersroom
20. Bapao
21. Barbecuesaus
22. Bavaroise fruit
23. Bavaroise room
24. Bavaroise room-/suiker-/eivrij
25. Bechamelsaus
26. Beenham
27. Biefstuk Bakken
28. Bierbeslag
29. Biscuit
30. Bladerdeeg
31. Bloody mary
32. Boter crème
33. Boterkoek
34. Botersaus
35. Bouillon groente
36. Bouillon vis
37. Bouillon vlees
38. Bouquet Garni
39. Bouquet Marmite
40. Brood Krokant
41. Brood Zacht
42. Broodpudding
43. Brownie
44. Buikspek
45. Cake
46. Chips
47. Chocolade
48. Chocoladeglazuur
49. Chocolademelk
50. Chocolademousse
51. Chocoladesaus
52. Ciabatta
53. Cocktailsaus
54. Coleslaw
55. Crackers
56. Crème brûlée
57. Cremeux boter
58. Cremeux chocolade
59. Croissants